できる大人は知っている！

# 雑学 無敵の237

All Competent Adults Should Know This! 237 Essential Trivia Facts

話題の達人倶楽部［編］



社

# はじめに

――ねぇねぇ、渡り鳥の先頭は「隊長」なの？

――どうして信号機の色は赤・黄色・青の3色？

そんな疑問を子供から立て続けにぶつけられて答えに困ったことはないだろうか？

適当に答えて間違えるわけにもいかないし、だからと言ってはぐらかしてしまっては、示しがつかない。また、社内や営業先との会食のなかで、「お愛想《あいそ》お願いします」と言ってしまったことはないだろうか。実はこれは主客転倒《しゅかくてんとう》の大きな間違い。知らないで使っていると、常識のなさをさらけ出してしまうことになる。

そこで本書は、大人のたしなみともいえる教養・知識をふんだんに盛り込んだ。それらは冒頭の例のほか、社会一般の話題や、日本の文化にまつわる事柄、生命、スポーツ、心理の素朴な疑問など、あらゆる分野に及んでいる。

最初から読み進めてもよいし、興味があるものから目を通しても構わない。子供の疑問にスマートに答え、社会常識の間違いをなくし、さらに日々の雑談でちょっとしたネタを提供すれば〝できる大人〟と一目置かれること請《う》け合《あ》いである。

話題の達人倶楽部

できる大人は知っている！　雑学　無敵の237●目　次

## 第2章　雑談力がメキメキ上がる！　教養雑学　71

## 第3章　いますぐこの目で確かめたくなる！　不思議雑学 

## 第4章　身の回りの疑問が解ける！　すっきり雑学 

## 第5章　「ウソッ！」とつい疑いたくなる！　衝撃雑学　

## 第6章　好奇心を刺激する！ おもしろ雑学 

## 第7章　知らなきゃよかった！　がっかり雑学　323

カバーイラスト提供■Intueria/shutterstok.com
本文デザイン・DTP■ハッシィ

# 第1章

# 思わず「へ～」となってしまう！なるほど雑学

# あんなに赤いのにサケは実は白身魚

サーモンピンクという名の色がある。サケの身の色はピンクで、ベニザケの名を持つものは、身がさらに濃い紅色である。

日本では魚を食用にするとき、白身・赤身という分け方をするから、色から判断するとサケは赤身になるだろう。ところが実際は、サケは白身である。

そもそも白身・赤身の分類は、魚に含まれる成分のミオグロビンの量で分けられるようになったものだ。ミオグロビンは赤い色素成分をもっていて、人間の血液中のヘモグロビンと同じような働きをする。

つまり、ミオグロビンが多いほど酸素を大量に運ぶことができるので、カツオやマグロのような運動量の多い回遊魚はミオグロビンを大量に含んでいる。そのため赤身魚になった。一方、白身魚の代表といえばカレイやヒラメだが、近海の海底でひっそりと生息しているものはミオグロビンが少なく、酸素不足になり、疲れやすい性質がある。

ではサケのピンクは、ほどよいミオグロビン量で中間色なのかといえば、あの色はまったく別の成分アスタキサンチンのせいである。アスタキサンチンのもとはベータカロチンで、人間にとっては老化防止に効果がある。

ベータカロチンは野菜のニンジンに多く含まれていることで知られるが、本来は植物プランクトンに含まれ、これを食べたオキアミやエビの体内でアスタキサンチンに変わる。そのオキアミやエビをサケが食べると、アスタキサンチンが筋肉の中にしだいに蓄積され、身が赤みを増していく。いわばサケのあのピンク色は、ニンジンの「親戚」ともいえる。

サケの身の色は、そのまま蓄積したアスタキサンチンの含有量の目安となる。したがって、色の濃いベニザケに最も多く含まれ、以下、ギンザケ、マスノスケ（キングサーモン）、シロザケと身の色が薄くなるのに応じて含有量も減っていく。

抗酸化物質であるアスタキサンチンを摂取して活性酸素を取り除き、老化防止を図るなら、できるだけ色の濃いサケを選べばよい。

## 大統領と首相、本当はどちらが偉い？

日本で行政の長といえば、内閣総理大臣である。だが、アメリカは大統領で、ドイツやロシア、フランス、イタリア、韓国などには大統領と首相がいる。首相と大統領はどう違うのか、そして、どちらが偉いのだろうか……。

まず日本の場合は、首相は行政の長である。英語で首相を「prime minister」というように、大勢いる大臣の中の主席大臣が総理大臣である。

大統領は英語で、「President of the Republic」。つまり、共和国における元首であり、大統領が政治の最高権力者となっている。

ドイツは、大統領が国家元首で、首相が行政の長なのだが、大統領は形式的なものに過ぎない。

大統領は式典のためにいるような存在であり、政治の実権は首相にある。

ところが、ロシアは大統領がトップで、首相は大統領の部下にすぎないし、韓国も大統領が行政の長で、大統領が指名した首相が内閣を組織する。

フランスも大統領は外交担当、首相は国政という役割分担制となっている。

国王や女王がいる国の場合は、国王や女王が元首で、政治上の権力は首相が握っているところも多い。イギリスがこのタイプだ。

このように、大統領と首相の立場は、国の歴史や事情でかなり違っており、一概にどちらがどうだと言い切れない面がある。

アメリカと日本はどちらも議院内閣制で、大統領も首相も行政の長であるという点では同じだが、選ばれ方が大きく違う。

日本の首相は選挙で選ばれた議員の中から議員の投票によって選ばれるが、アメリカの大統領は国民の選挙で選ばれる。そのため、議会の多数党と大統領の所属政党（与党）が異なる場合があり得る。

その結果、大統領が代わると、議会や役所との調整スタッフ、役所の長官（大臣）や幹部もガラリと変わり、政策が大きく変わることも珍しくない。

日本は与党が変わらなければ、首相が変わっても、さほど変化はない。この点が、アメリカとの大きな違いといえるだろう。

## 「カロリーゼロ」の商品の意外な中味とは

缶飲料、キャンディ、ガムなどの商品には、「ノンカロリー」「シュガーレス」「無糖」などと表記してあるものが多い。「太るから」と糖分を敬遠しがちな人の心をくすぐってくるうたい文句だ。しかも、飲んでみると味はしっかり甘い。

こうした商品を見ると、確かに「0キロカロリー」と表示してある。

しかし、カロリーゼロという表示の裏側には、規制の範囲内でうまくバランスをとった製造技術があり、水やお茶のようにまったくカロリーがないというわけではない。

工業生産品である飲食物に表示される糖分量の表示は、「栄養表示基準制度」にのっとれば、まったくのゼロではなくても「0キロカロリー」などとしてもよいことになっている。

同制度の定める基準は、商品一〇〇グラム（飲料は一〇〇ミリリットル）中に含まれる糖類が〇・五グラム未満のものは「ノン」「レス」「無」とネーミングしてもよいことになっており、成分表にも「0」と記して構わない。

また、類似の「低」「カット」「控えめ」のネーミングは、食品なら一〇〇グラム中五・〇グラム、飲料なら二・五グラム未満の場合に許されている。

これらの商品は、砂糖、ブドウ糖、果糖のような糖類を使ってはいないが、人工甘味料を用いている。

甘味料の中には体に影響をおよぼすものもあり、太らないからと安心してがぶ飲みすると、下痢を起こす場合もある。

すべての商品が本当のカロリーゼロではないことと、体への影響を考えて摂取するのがよいといえる。

## 鳥はなぜ、木の枝に止まったまま眠っても落ちないの？

横になって寝ていてもベッドから落ちる人間さえいるのに、鳥は枝に止まったまま寝ても落ちることはない。

なぜなら、鳥がもつ足の指の腱《けん》の構造が特殊だからだ。

鳥の腱は、足の上部の筋肉とつながっており、それを引っ張ると指が自動的に曲がるようにつくられている。

枝に止まって寝るとき、鳥は足を曲げてうずくまるが、その姿勢であれば自然に腱が引っ張られ、指はしっかりと枝をつかんで離さない。

しかもときどき片足を上げて休めたりすることもある。

動物が環境に合わせて生き延びやすいよう変化するのが進化だが、もしも万物の創造主が、最初から小鳥にそんな身体機能を与えたのだとしたら、自然は偉大だ。

## チームの大黒柱を「エース」と呼ぶのはなぜ？

プロ野球では、背番号「18」をつけさせてもらうことになった投手が、「『エースナンバー』をもらって光栄です」というようなことをいう。

この、チームを背負って立つことのできる投手を「エース」と呼ぶが、その名の由来をトランプカードの「A」にあると勘違いしている人は多いかもしれない。

「A」のカードが、ゲームでオールマイティに、あるいは最強のカードとして使えることがあるからだ。

優れた救援投手を「抑《おさ》えの切り札」と表現することもあって、カードゲームを連想してしまうのだろう。

しかし、じつは「エース」の由来は、実在した投手のニックネームからきたものだ。

それが一八六〇年代に、オハイオ州シンシナティがホームだったレッドストッキングスのアーリー・ブレイナード投手。

大リーグのゲーム数が年間六五試合だったこの時代に、勝ち星を六四も挙げて、当然ながらチームを優勝に導いた投手である。

一八六九年には、六五試合全試合に登板したという記録も残している。

このアーリーの愛称が「Ａｓａ（エイサ）」だった。そこで、チームの支柱となる投手を「エイサのような頼りになる投手」といっていたのが訛《なま》って、エーサ、エースと変化して、そのままチームの主力投手の呼び名になった。

さらに野球ばかりか、バレーのエースアタッカー、サッカーのエースストライカーなど、スポーツ全般の大黒柱への尊称になっていったのである。

## 日本のカレーライスはいったいどこで生まれた？

カレーを日本に伝えたのは西洋人だが、それをごはんにかけて食べる「カレーライス」は、日本独自の和洋折衷《せっちゅう》料理といえる。

実はこのカレーライスの発祥地といわれている町がふたつある。

今日のカレーライスの元祖といわれる「海軍カレー」を生み出した横須賀《よこすか》と、一八七九（明治九）年に日本初の高等農学校「札幌農学校（現・北海道大学）」が開校した札幌である。

札幌農学校の設立に尽力したクラーク博士は、生徒たちの貧弱な体格を改善しようと考えたようで、次のような学校寮則をつくった。

「生徒ハ米食ヲ食スベカラズ。但《ただ》シらいすかれーハ是《これ》ニアラズ」

寮食をすべてパンや肉食の洋食とするように定めたが、「ライスカレー」だけは栄養があるというので、例外として認めたのである。

つまり、横須賀でまだ海軍カレーが生まれていなかった頃に、早くも札幌農学校の生徒たちはライスカレーを食べていたことになる。

その後、同学校の食事には和食も取り入れられ、朝食と昼食は和食、夕食は洋食というパターンになったようだ。一八八四（明治一四）年頃の記録として、「朝食に『飯、汁、香之物《こうのもの》、湯』昼食『飯、一菜、香之物、湯』夕食『パン、バタ、肉肴之類《にくさかなのたぐい》ニテ二品、湯、但シ隔日にライスカレー外壱品《いっぴん》』」とあり、二日に一日は夕食がライスカレーだったことがわかる。ただし、現在のカレーライスとは異なって、シチューのようなものだったと思われる。

ライスカレー（のちに語感がよいということで、カレーライスと呼ばれる）は、質素だが栄養があり、日本人の味覚にも合う料理として歓迎されたのだろう。

## 皮が模造真珠のモトになる意外な魚とは

ネイルカラーの色はじつにさまざまである。最近の人気は、キラキラと光るラメの入ったものや、パールのような光沢《こうたく》のあるもの。ただのネイルカラーより、指先が美しく見えるので人気があるのだろう。

そのラメやパールといった光沢のもとになっているのは、太刀魚《たちうお》。なんと魚である。太刀魚には鱗《うろこ》がないが、表面が薄い銀色の膜《まく》で覆《おお》われており、この膜で身体を保護している。この膜はグアニン質といい、指で触れるだけで剥《は》げ落ちるほどだが、次々に再生されるために、太刀魚は生きていくことができる。

太刀魚の表皮を溶かし、グアニン質を針のような形に再結晶させると、魚鱗箔《ぎょりんぱく》と呼ばれるものができる。この魚鱗箔をネイルカラーに混ぜると、パールのような美しい光沢のネイルカラーができる。そのため、魚鱗箔は「天然パールエッセンス」とも呼ばれている。

最近では、細かい雲母《うんも》の表面にチタンをコーティングした「酸化チタン被覆《ひふく》雲母」という合成品が使用されることが多いようだ。ただ、この合成品はどうしてもギラギラした輝きになるのに対し、天然パールエッセンスは落ち着いた大人しい輝きが出る。

太刀魚のグアニン箔は、模造真珠の材料にも使われている。セルロイドを熱して溶かしたものとグアニン箔を混ぜ合わせれば、模造真珠ができる。本物の真珠はアコヤガイを使って長時間かけてつくられるもので、価格も高価だ。それに対してグアニン箔を使った模造真珠は、簡単につくることができるため、安く手に入るアクセサリーとなっている。

## クリスマスにプレゼントを贈る習慣は誰が始めたの？

クリスマスにはつきもののサンタクロースとクリスマス・プレゼント。この習慣はどうして生まれたのだろうか？

まず、「サンタクロース」というのは、聖ニコラウスのこと。もともとは一二月六日に、聖ニコラウスが贈り物を置いていくという行事があった。

それが宗教改革のとき、マルチン・ルターによってクリスマス・イブに変更された。ルターは聖人という存在を認めていなかったので、よきものはすべてキリストの名においてもたらされるはずだと考え、聖人から贈り物をもらう聖ニコラウスの日の行事を、キリスト降誕《こうたん》の日であるクリスマス・イブに移したのである。

ルター自身、一五三一年から、キリストの名において家族に贈り物をするようになったことがわかっている。

これが日本にもたらされたのは、アメリカ経由だった。オランダからアメリカに移民した人々が、クリスマスにサンタクロースが贈り物をするという習慣をアメリカに持ち込み、それがアメリカの宣教師たちによって、明治時代の日本に伝えられたのだ。

日本初のクリスマス・イブの行事は、一八七六年に東京・銀座の原《はら》女学校で行なわれたものだといわれている。

## 日本の単位「匁」が外国でも「momme」の理由

重さの「匁《もんめ》」は、古くから日本だけで使われていた独特の単位である。ほかに長さの単位としては「尺《しゃく》」などがある。

一九五八（昭和三三）年末に尺貫法《しゃっかんほう》が廃止され、翌年から日本でもメートルやグラムが使われるようになったために、現在では尺や匁などを使うのは高齢者くらいだろう。若い人にはすっかり馴染《なじ》みのない単位となってしまった。

でも、尺は別として、匁はいまもしっかりと残っている単位であり、なんと国際的にも認められているのだ。

とはいえ、これはあくまで限定使用で、真珠の目方をはかる場合だけに用いられているものだ。

株式会社ミキモトの創業者・御木本幸吉《みきもとこうきち》が世界で初めて真珠の養殖に成功したのは一八九三（明治二六）年で、技術を確立したのが一九〇五（明治三八）年。これにより、日本が世界の真珠取引の中心としての役割をはたすようになるのだが、当時の日本で日常的に用いられていた重さの単位が「匁」だった。当然、真珠の取引も「匁」によって行なわれていたため、この単位は、真珠とともに全世界へと広まった。

尺貫法が廃止された一九五八（昭和三三）年末には、すでに真珠の業界では、「匁」が国際共通の単位として定着していたため、いまさら変更するわけにもいかない。ということで、「匁」は真珠業界においてのみ、いまも健在である。英語辞典によっては、「匁」が「ｍｏｍｍｅ」の綴《つづ》りで掲載されているものもあり、国際的単位であることがわかる。ただ、外国人に「モンメ」という言い方は難しかったのか、発音は「モミ」となっている。

真珠の重さは「匁」（一匁＝三・七五グラム）だが、直径は「ミリ」だし、ネックレスなどになった場合の長さは「インチ」が使われるといった具合で、見方によって真珠をあらわす単位はまちまちだ。世界中で愛されている真珠は、単位もじつに国際的といえる。

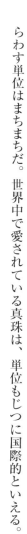

## 「くだらないもの」の語源は江戸に来た「質の悪い地廻り物」

「くだらない」という言葉は、さまざまな場面で使われている。テレビを見て「くだらない番組だね」といったり、ばかばかしいことをいった人に「くだらないことばっかりいって……」などなど。

それにしても、なぜ「くだらない」と表現するのだろうか。

この「くだらない」という言葉が生まれたのは江戸時代のことである。

当時、江戸から京都へ行くことを「京に上《のぼ》る」といった。政治の中心は江戸だったが、都はあくまで京都だったからで、関西を上方《かみがた》というのもそのためだ。逆に、京都から江戸に行くことは「江戸へ下《くだ》る」と表現されていたのである。

この「下る」「上る」は荷物にも適用されていて、京都や大坂の上方から江戸に入ってくる品物は「下り物」と呼ばれていた。

初期の江戸の街は、増え続ける人口を支えるだけの産業が整っていなかったために、食品や生活物資を京都や大坂から運ばなければならなかったのだ。

こうした「下り物」には、京都を中心に生産された呉服や絹織物類、小物類、大坂を中心に生産された刀剣類を始めとする金属製品など、当時の先進的技術を用いた高級品が多かった。

そのため、江戸では「下り物」という言葉を、「本物」「高級品」という意味を含めて使うようになったのだ。

これに対し、東北や江戸近隣の関東各地から入荷する地廻《じまわ》り物は「下らぬ物」と呼ばれた。こうした品には、農漁民による第一次生産物が多く、加工技術を要しないものや、同じ加工品でも、下り物に比べると明らかに品質が劣るものが含まれていた。

そのために、やがて「下らぬ物」は「つまらない安物」や「粗悪品」を意味する言葉となり悪い意味で使われるようになってしまったのである。

## 「六月の花嫁」はどうして幸せになれるといわれるの？

六月は、日本では梅雨《つゆ》に入っていることも多く、雨に降られてしまう可能性が高い。そこで結婚披露宴の来賓《らいひん》に「雨降って地かたまる……」などと月並みな挨拶をされてしまう。それでも、六月に結婚式をするカップルが多い。

いわく、「ジューンブライド」で、六月の花嫁は幸せになれる……といわれるからららしい。

しかし、この習慣は、長く陰鬱《いんうつ》な冬に閉じ込められるイギリスやフランスのような、中北部ヨーロッパでの話。このあたりでは、六月になってようやくいい陽気といわれるシーズンを迎えるのだ。ちょうど北海道で、一気に花が咲き乱れる季節となるように。だから結婚式にふさわしい時期とされたのだった。

それ以外に、六月を意味する英語やフランス語の語源になったのが、ローマ神話に登場する女神ユノーに由来するという。ユノーは、ローマ神話では最高位に置かれ、全能の神ユピテル（ギリシャ神話のゼウスにあたる）の妻となる女神（ギリシャ神話ではヘラ）。結婚生活の守護神《しゅごしん》とされる彼女の名に由来する六月をラテン系民族は祝福の月としていたから、花嫁の祝福もいっそうのものになると考えたらしい。

また、英語の五月メイ（MAY）には「青春」という意味があり、常春《とこはる》のあとに迎えるのは結婚だから、六月は花嫁の月と考えられたという異説もある。

六月の大安吉日に超豪華な挙式をした花嫁が最高に幸せになれるかどうかは、保証の限りではないが。

## 上野の西郷さんの銅像の脇にいる犬の正体とは

東京・上野の山には、西郷隆盛《さいごうたかもり》が犬を連れた姿の銅像がある。

西郷隆盛といえば、薩摩《さつま》藩主・島津斉彬《しまづなりあきら》に認められ、下級武士の家に生まれながら、やがては薩摩藩の代表にまでなった男である。

坂本龍馬《さかもとりょうま》の仲立ちで、長州《ちょうしゅう》藩の桂小五郎《かつらこごろう》（木戸孝允《きどたかよし》）と薩長《さっちょう》同盟を結び、討幕《とうばく》運動の中心人物として活躍する。大政奉還《たいせいほうかん》後は明治新政府の指導者の一人になり、陸軍大将や参議を兼任して廃藩置県《はいはんちけん》などの改革にも関わった。

西郷は、朝鮮への遣使《けんし》をめぐる論争で大久保利通《おおくぼとしみち》らと意見が分かれて政府を去り、故郷に戻ったが、その後も私学校《しがっこう》を設立するなどして活躍した。結局、西南《せいなん》戦争で敗れて自刃《じじん》したが、江戸末期から明治時代にかけての時代の立役者の一人となった。

そんな人物が銅像になるのだから、かなり立派な姿で描かれそうなものだが、銅像の西郷さんは、かすりの着流しに、兵児帯《へこおび》姿という格好で、愛犬を連れて散歩にでも出かけるような感じである。

でもこれは、西郷さんがうさぎ狩りに出かける姿を描いたものなのだ。銅像の西郷さんをよく観察すると、兵児帯の間に小刀と束ねた紐《ひも》のようなものを挟んでいる。この紐のようなものは、ウサギをとるための罠《わな》だ。

そして一緒にいるイヌは薩摩犬で、西郷さんの愛犬「ツン」である。薩摩犬は、ウサギ狩り用の猟犬としても優秀で、西郷さんがウサギ狩りに行く姿を描いた銅像だからこそ、犬も一緒に銅像になったというわけである。

銅像の作者は高村光雲《たかむらこううん》で、明治時代の代表的な彫刻家であり、『智恵子抄《ちえこしょう》』で有名な高村光太郎《こうたろう》の父親でもある。

## 産卵中のウミガメが涙を流している本当の理由

ウミガメは日常生活は海で送るが、魚類ではなく爬虫類《はちゅうるい》だから、産卵は陸上で行なう。

自然をテーマとしたテレビ番組や外国の自然探訪番組で見かけたことがあるように、ウミガメは大海原《おおうなばら》から浜辺を上がってくる。それから砂を掘って、その中に卵を産み落とし、砂をかぶせて海へ帰っていく。

この産卵の最中がアップ映像で映し出されると、ウミガメは涙を流しているように見える。まさに「産みの苦しみ」の涙なのだと、視聴者が感動させられる瞬間だ。

人間でも「障子《しょうじ》の桟《さん》が見えなくなるくらい」と昔から表現されてきた出産時の痛さだから、カメだって痛くないはずはない。ところが、このウミガメの涙の原因は、出産の苦しみのためではない。

ウミガメは海中で暮らしているため、水分補給はエサと一緒に飲み込む海水によって行なわれる。

塩分が混じっていても、きちんと体内で処理できるしくみを持っているから平気なのだが、それでも塩分だけは摂りすぎになる。

そこで涙として、塩分を排出しているのである。出産時に限らず、ウミガメはつねに涙を流しているのだ。

もちろん、人間の目にも水分がつねに分泌されていて、目の表面を潤し、保護する役目を担っている。それと同じ役割をウミガメの涙も持っている。ただし人間の涙より塩分がかなり濃いことは確かである。

もう一つ、陸上でのウミガメの涙には大事な役割がある。普段が海中生活で産卵のときを除けば、ウミガメはたまの日光浴のときしか陸に上がらない。

そのため、とくに砂浜では自分の歩みではねのける砂粒が目に入るのは痛くて困る。それを防ぐためにも、涙をたっぷりと流していなければならないのであった。

## 銀行のトップの肩書きは「社長」ではなく、なぜ「頭取」？

株式会社のトップは社長。これは常識。ところが同じ株式会社なのに、なぜか銀行のトップは社長ではなく「頭取《とうどり》」だ。

頭取というのは、もともと音頭《おんど》を取る人、つまり音頭取りからきた言葉。雅楽《ががく》や能楽《のうがく》、歌舞伎《かぶき》などの合奏の主奏者のことをこう呼ぶ。

そこから、集団のトップを指す言葉になったのだ。

それが銀行のトップに使われているのは、銀行の歴史に由来する。

日本の銀行制度は一八六九（明治二）年に設立された「為替《かわせ》会社」に始まる。

そのトップが頭取と呼ばれ、一八七二（明治五）年に「銀行」と名称が変わってからも、頭取という名前がそのまま使われているのである。

## 洋式トイレにはフタがあるのにどうして和式トイレにはないの？

かつて日本では和式トイレがあたりまえだったが、洋式トイレがここまで普及した現代では、和式トイレを使うことに抵抗があるという人も少なくない。

洋式トイレは座って用が足せるのに、和式トイレはまるでストレッチをしているかのようなポーズをとらねばならないことを考えると、洋式トイレのほうが好まれるようになったのもしかたのないことなのだろう。

ただ、何かと機能的な洋式トイレにも、無用の長物に思えるものがある。それはフタ。なぜ洋式トイレにはフタがあり、和式トイレにフタがないのか？　じつは洋式トイレのフタには立派な存在理由があった。

日本の場合、トイレと風呂場と洗面所はそれぞれ独立している。しかし、西洋では、バスルームとトイレが同じ室内にあるのが一般的である。バスルームには細々したものを置くことが多いので、トイレにフタがないと、ちょっとした不注意で便器に小物類を落としてしまう可能性があるのだ。これが理由のひとつ。

さらに、西洋では浴室で身づくろいをする習慣があり、その際に、トイレのフタを閉め、その座面でストッキングを履《は》いたり、靴のヒモを結んだり、またフタに腰かけて化粧直しをすることもあれば、髪の毛を整えたり、マニキュアを塗ったりもする。つまりフタを閉めることで、便器が椅子に早変わりするというわけだ。

なるほど。日本人はトイレで着替える習慣はないし、風呂場も洗面所も独立しているので、フタを用意する必要性がなかったというわけか！

日本に洋式トイレが入ってきたのは明治の文明開化の頃で、鹿鳴館《ろくめいかん》にフタ付きの洋式トイレが設けられたのが第一号といわれている。

いまではお尻をキレイに洗ってくれたり、便座が温かかったりがふつうだが、トイレはますます進化しており、フタが自動で開閉するタイプまで登場した。

毎日お世話になる場所だけに、この先、どんな画期的なトイレが誕生するのか楽しみである。

## 橋桁が流れてもいい橋があるってホント？

時代劇で、欄干《らんかん》がない、長い木の橋を見たことはないだろうか。

昔から時代劇ロケ地の定番とされ、数多くの時代劇に登場した京都府南部にある「上津《こうづ》屋橋《やばし》」である。

上津屋橋は、淀川《よどがわ》の支流の一つ、木津川《きづがわ》の下流に架けられた橋で、久御山《くみやま》町と八幡《やわた》市を結んでいる。橋そのものが古風な木造橋というのに加え、周辺も昔ながらの景観がよく保たれているので、時代劇によく利用されるのだ。

これほど長い木造橋は、全国でも数少なくなったが、それだけではなく、この上津屋橋にはもう一つ大きな特徴がある。

じつはこの橋は、今日では珍しい「流れ橋」なのである。

流れ橋とは、川が増水したとき、橋桁《はしげた》が流れるように作られた橋である。昔は川の増水で橋がよく流されたので、橋板と橋桁を橋脚に固定せずに綱で結びつけ、流された後で回収してまた作り直す「流れ橋」がたくさんあったのだ。

上津屋橋は、台風などで川が増水すると、橋桁が八つに分かれて流される。だが、橋桁は鉄のワイヤーロープで橋脚と結ばれており、流された後はワイヤーをたぐりよせて回収する。

一九五三（昭和二八）年以来、何度も流されたと記録されている。橋板には改修に備えて一枚ずつ番号が打たれ、補修が繰り返されてきたそうである。

# 結婚指輪が左手の薬指にはめられるワケ

左手の薬指にはめるものと決まっている結婚指輪。どうして結婚のときに指輪を交換するのだろう？　それに、一〇本の指のうち、とくに左手の薬指が選ばれたのには、何か理由があるのだろうか？

まず、結婚指輪そのものの起源には、おもな説が二つある。

一つは、その昔、略奪されてきた花嫁が足かせで男の家につながれていた名残《なごり》ではないかという。

もう一つは、結婚指輪のはじまりは紀元前二八〇〇年ごろのエジプトであり、「輪」は始まりも終わりもなくて永遠を表わすという発想から、指輪が永遠の愛のシンボルとなったのだという。

とくに左手の薬指にはめるようになった理由についても二説ある。

まず一つには、薬指は指のなかでもっとも弱い指で、それを指輪で支えることによって、夫への絶対服従の証《あかし》としたという。

また二つめには、古代ギリシアで、左手の薬指の血管は心臓に直結していると考えられており、そこから薬指が神聖な指とされるようになって、結婚指輪を左手の薬指にはめるようになったのだといわれている。

どちらについても、妻を縛るものという考え方と、愛の証という説の両方があるのがおもしろい。

## おしっこに含まれる尿素が美肌に効くのはなぜ？

健康な人であれば、一分間に一リットルを超える血液が腎臓に送り込まれて濾過《ろか》され、原尿となって尿細管へ流れる。残った栄養分がここで再吸収され、最終的には一〇〇分の一ほどが尿として排出される。

つまりは、尿のほとんどが水分ということになる。

ただ、数パーセントの固形物があり、その中の一つが「尿素《にょうそ》」と呼ばれている成分だ。尿素は、人間の体の細胞がゴミとして出すアンモニアを体外に出すときの、包み紙のような働きをする物質である。

アンモニアは、日常生活においては虫刺されに使う薬品に混じっていることで知られている。そのにおいの刺激の強さで息がつまりそうになるほどだし、咳き込んだりもする。尿中のアンモニアがそのままの形だと、排尿のたびに息苦しくなるわけだから、それは困る。そこで、二酸化炭素と結合して尿素に変えるような体のしくみが整っているのである。

尿素は、だいたい人間が排出する一日分の尿の中に二五〜四五グラムほど含まれる。抽出・精製すると無色か白色の粉末になるが、アンモニアとは分離されているため、無臭である。

この尿素が、人間の角質層に含まれていて天然保湿因子を構成していることがわかったため、肌をしっとりさせる成分として化粧水などに使われるようになった。

最近ではハンドクリームに、尿素配合をうたうものが多く登場しているのを目にしたこともあるだろうが、それらは先の研究の成果の一つなのである。

## そもそもゲートボールは高齢者のためのゲームではなかった！

ゲートボールを高齢者たちだけのスポーツだと思い込んではいないだろうか。ちょっとした広場があればできて、ルールは簡単、激しい動きもないからケガを心配しなくて済むし、外で太陽を浴びれば健康にもよい。まさに高齢者にとってはいいことずくめのようである。

しかし、本来のゲートボールは子どものために日本で考案された。高齢者の間でブームになるのは、ずっと後のことだ。ゲートボールの発祥は一九四七（昭和二二）年にさかのぼる。北海道の鈴木栄治氏（後に伸和に改名）が、鉄道の保線区員がツルハシで工事をしているのを見て思いついたものだ。

氏はその光景に、札幌に進駐《しんちゅう》していた軍人が楽しんでいたり、子どもの頃サハリンに住んでいたときに教わったりしたクロッケーを重ねて思い出し、何とか同じようなスポーツを子どもたちに教えたいと考えた。

クロッケーとは北フランス方言で「鉤《かぎ》」という意味で、カギ型の棒でボールを打つというヨーロッパ生まれのゲームだ。

氏はさっそく旭川の知人の木工所で用具を製作して、普及に乗り出した。北海道教育委員会の後押しもあり、一九五三（昭和二八）年には日本ゲートボール協会が設立され、日本中に広まり始めた。その後念願通り、ゲートボールが小学校の体育の授業に導入されるようにもなった一九七〇年代後半、当時の文部省（現文部科学省）が提唱した「国民皆スポーツ」により、熊本で開かれた「体力づくり運動推進全国大会」で紹介されたのをきっかけに、全国の老人クラブへと広がり、現在にいたっている。

## 赤い金魚も黒い金魚も生まれた時はみんな透明

金魚には赤やオレンジ、黄色、黒などさまざまな色の品種があるが、大多数は赤い色をしている。しかし、金魚の先祖はというと、黒っぽい地味な色のフナである。

黒っぽいフナとあの鮮やかな赤い金魚が親戚だとは、ちょっと信じられないが、じつはフナには、まれに突然変異で「ヒブナ」と呼ばれる赤いフナが生まれることがある。金魚の祖先は、おそらくこのヒブナだろうといわれている。

では、金魚は生まれたときから赤いのかというと、そうではない。

生まれたばかりの金魚は色素を持たないため、透明な体をしている。そして育つにつれて色素が増えてくると、ご先祖様のフナと同じような黒っぽい色になる。

この後、「褪色現象《たいしょく》」と呼ばれる色の変化が起こって、黒っぽい体が少しずつ黄色に変化していき、やがて全体が黄色くなる。黒い色素がなくなっていき、代わりに黄色の色素が増えて、そのような色の変化が起こるのだ。

さらに育つと、今度は赤い色素が増えてきて、黄色がかった体が赤みがかっていき、やがて赤い金魚になる。この褪色現象が起こる頃から、フナのような体型だった金魚の子どもは、金魚らしい体つきになっていく。黒っぽいフナから金魚への進化の歴史をたどるようにして、金魚の子どもは、色も形も変化していくのだ。

## 美の象徴の「お歯黒」の知られざる実用性とは

モノクロ時代の映画では、丸髷《まるまげ》を結《ゆ》った女性の口の中が真っ黒という場面を見かけることがある。

これは結婚した女性がお歯黒《はぐろ》にしたという風習を、忠実に再現したことによる。美的感覚がいまとは異なるとはいえ、江戸時代、お歯黒は色気の象徴で、結婚した女性の特権でもあった。朝の身だしなみとして顔を洗うと、眉を剃り、歯を染めるのが日課だったのである。

江戸時代には身だしなみだったお歯黒は、古墳時代から存在したようで、出土した人骨からその跡がうかがえる。また、既婚女性に限ったものでもなかったようで、聖徳太子《しょうとくたいし》も習慣にしていたという。平安時代にも武士が行なったという記録もある。

「お歯黒」と書くのは、歯を黒く染めたことによるが、当時は鉄漿《かね》といって、染める材料の名で呼ばれていた。鉄漿水と「ふし粉」というウルシ科の木の樹液から作った粉を混ぜたものを、歯に塗って黒くしたのだ。

この二つは酢酸《さくさん》第一鉄、タンニン酸が主成分で、歯のエナメル質に染み込むと虫歯予防になり、歯茎には歯周病《ししゅうびょう》の予防効果をも発揮する。入れ歯の技術などなかった時代だから、結婚・出産で女性は歯がもろくなって抜けやすくなったりする。

既婚女性が習慣としていたお歯黒は、無意識ながらその予防線だったのかもしれない。

こんなお歯黒も、明治時代には皇族・貴族を始め、一般にも禁止令が出されるが、すぐには浸透しなかった。明治末期には、新しく「インスタントお歯黒」が発売されたこともある。以後は、大正時代まで風習が残っていたというから、丸髷と同様に文明開化への最後の「抵抗」だったととらえられなくもない。

## 信号機の三色はイギリス人の宗教観から生まれた？

信号機の赤・青・黄色は、昨今研究の進んできた「カラーセラピー」の理論にかなったものといえる。

たとえば赤は、精神を極度に刺激して緊張させる色といわれ、車に注意して「停止」するのにふさわしいし、青にはリラックスと精神安定効果が望まれることから「進め」となり、黄色は本能を刺激する色ということで「注意」を呼び覚ます。

しかし、信号の三色が決まったのはカラーセラピーもまだない時代である。どうして、こうもぴたりとあてはまることになったのだろうか。

信号機の発祥はイギリスである。日本で最初の信号機は、一九三〇（昭和五）年、東京・日比谷の交差点に設置されたもので、アメリカからの輸入品だった。三色は発祥のときから決まっていて、いまでも世界共通だ。

赤は日本では明るく華やかで元気の出る色と認識されているが、イギリスでは悪魔の色とされている。それは、火の色でもあり、戦火や災害などを象徴するという認識だ。だから、「危険」「避けるべきもの」という意味で「停止」の色になった。

青は、イギリスでは平和の象徴とされており、希望という意味も込められている。まさに「前へ進め」というわけだ。空と海の色も青であり、キリスト教では最も神聖な色として扱われている。また、黄色は注意の象徴でもある。

信号機の色はイギリス人の宗教心が選ばせたものだったといえるが、じつはこれは、色彩学にもかなったものだ。

赤・青・黄は色の三原色。色みがまったく異なるから、識別も容易といえる。

さらに、赤は膨張色だから特別に迫ってくるように見えて見落とすことが少なく、黄色もそれに次いで目立つ色だから、目につきやすい。青は安定した色で自然界にいちばん溶け込みやすい。車で走行中にもし間違って見落としたとしても、「止まれ」の合図ではないから交通事故の可能性が少ないということになる。

## なぜ渋柿のほうが干すと甘くなるの？

軒先《のきさき》で柿を干《ほ》す光景など、都会ではめったにお目にかかることはないが、農家で干しているのは、たいてい渋柿だ。干すことによって渋みが消え、甘くなる。

渋みの正体はタンニンと呼ばれる物質。果肉の中にあるタンニン細胞という特殊な細胞に包まれて含まれており、かじると細胞が破壊され出てくる。最近、日本でも人気を呼んでいるワインの渋みも、ブドウの皮に含まれるタンニンによるものだ。

それなのに、干すと甘くなるのはタンニンが水溶性の物質だから。柿は日に干すことで水分は蒸発して、干からびたようになる。このとき、柿の果肉の中のタンニン細胞も凝固・

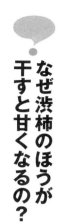

収縮し、水に溶けない状態となる。その結果、果肉がもっている甘みをじゃましていた渋みが消え、果肉の甘さを発揮することができるのだ。

干し柿をよく観察してみると、果肉の中に焦げた褐色のゴマのような斑点《はんてん》があるのに気づくはず。これが凝固したタンニン細胞だ。干し柿では果肉の品質や甘みという点では、むしろ渋柿のほうが優れている。昔の人は、タンニン細胞という名は知らなくても、渋柿を甘くする術を心得ていた。まきにこれが生活の知恵というべきものだろう。

## 電車の座席に座っているとどうして眠くなるのだろう

電車に乗ったら、気持ちよくなってついウトウト。気がついたら乗り過ごしていた……。なんてことがよくあるもの。いったいなぜ電車の座席に座っていると、眠くなってくるのだろうか。

人間は刺激がないと眠くなる。ゆらゆら揺れる電車は刺激タップリのようだが、単調なことの繰り返しは、眠りを妨げる脳の高等な作業を抑制する働きがある。条件反射で有名なパブロフも、得意のイヌを使った実験で、単調なことの繰り返しが眠りを誘うことを証明している。だから、電車の単調な揺れは眠けを誘うのだ。

おまけに、電車の揺れは運転を他人に任せた安心感、単調な音、単調な車内風景、適温などが同時にもたらされる。眠りを助ける要素がテンコ盛りでやってくるので、眠くならないはずがない。なかには、電車に乗るたびに、寝不足でもないのにまるで催眠術にかかったように眠ってしまう人もいる。

夜、なかなか眠れない人は電車に揺られてみるのもいいかも。でも、乗り過ごしには十分のご注意を！

## コンクリート製の電柱の中身、実は空洞！

「電柱」は、「電信柱」とも呼ばれる。一八六九（明治二）年頃、まず電話のための「電信柱」が建てられ、一八八七（明治二〇）年に電気のための「電柱」が建てられた。形状が同じなので混同して「電柱」とも「電信柱」とも呼ばれるようになったものらしい。

この電柱、昔は木製が多かったが、今日では圧倒的多数がコンクリート製である。

現存する日本最初のコンクリート製電柱は函館市に一九二三（大正一二）年に建てられ

た。円柱ではなく角錐《かくすい》型という珍しい電柱だ。

ただし、今日のコンクリート製電柱の普及は、一九二七（昭和二）年、オーストラリアで開発された技術を取り入れて製品化されたことに始まる。

このコンクリート製電柱は、芯《しん》までコンクリートが詰まっているのかと思ったら、じつは内部が空洞になっている。芯までコンクリートを詰めると重くなりすぎて、運ぶのが大変だからだ。

電柱を製造するとき、内部を空洞にするためには遠心力を利用する。コンクリートを入れた型枠ごと、遠心機で一定時間、高速回転させると、重力の三〇倍もの遠心力が生じて、コンクリートが枠の内側に貼りついて固められる。これで、中が空洞でも頑丈な電柱ができるのだ。こうしてできた電柱は、長さの六分の一が地中に埋められることになる。地盤などにもよるが、一般に三〇～五〇年はもつという。

## 経済指標のGNPとGDP、その違いはどこにある？

経済の指標を表わす略号としてよく使われるのがＧＮＰとＧＤＰ。よく似た略号だが実は微妙に違う。最近、特にひんぱんに使われるGDPは「国内総生産」の略。

物を売ったり買ったり、またはサービスを提供したり受けたりといった経済活動をお金に換算した略号。つまり、日本国内で一年間に生み出される富の総額のことだ。

これに対して最近あまり聞かれなくなったGNPは「国民総生産」の略である。

両者がどう違うかといえば、GDPが国土を基準に考え、日本の国土の中で行なわれた生産を対象にしているのに対して、GNPは国民を基準に考え、海外へ進出した日本企業が生み出す富なども計算に含めている。つまり、日本人の海外での経済活動を計算に入れるかどうかの違いなのだ。

各国の経済力を公平に比較するには、同じ基準で計算する必要がある。海外に進出した企業が生産した富はどこの国の富になるかは難しいところ。そこで、最近では、こうした数字を含めないGDPが、GNPに代わって多く使われるようになっているというわけ。

## ゲリラとテロリスト、いったいどこがどう違う？

「政情不安定」という言葉は日本では無縁だが、世界のあちこちで内乱や国際紛争は規模の差こそあれ、ひっきりなしに起こっている。いまもどこかで、政府転覆をはかるクーデターの相談が行なわれているかもしれないのだ。

そんな彼らの行動形態がテロだったり、ゲリラ作戦だったりするのだが、この違いは平和国家ニッポンではなかなかわかりにくい。

まず、いちばん大きな差は、テロリストとはテロリズムを信奉している人、あるいはその信念に基づいて行動を起こす人や集団のこと。ゲリラとは、もともとはスペイン語で小さい戦争あるいは戦闘という意味で、転じて奇襲作戦などで戦うこととそれを実行する人をさすようになった。

テロリズムは、政治目的で要人の暗殺を企てるような暴力的行為を是認《ぜにん》するもので、基本的には大衆に訴えて支持を得たり、足並みをそろえた行動を訴えるようなまどろっこしいことはしない。

仲間うちだけで秘密のうちに計画、行動を起こすと考えていい。

その点ゲリラは、隠れ家、実行までの協力体制など、大衆の支持がなくては戦法も立てられない場合も多い。

そこで、こうした不穏分子《ふおんぶんし》たちを政府はテロリストと呼び、権力にたて突こうとする彼らは、自分たちは大衆の味方であるゲリラだと主張する。

# 海水に浮かぶ流氷ははたしてしょっぱいのか？

かつて流氷《りゅうひょう》は、北海道のオホーツク沿岸で暮らす人々にとって、冬季の漁を阻《はば》み、ときには漁具を壊してしまうこともある厄介者《やっかいもの》だった。しかし近年では、海の生き物のエサとなる植物プランクトンが流氷を住みかとして増え、海を豊かにしてくれるなどのよい面もわかってきた。また、流氷目当てに砕氷船《さいひょうせん》でのクルージングに訪れる観光客も多い。

この砕氷船に乗って海に出ると、流氷をひとかけらグラスに入れて、オンザロックの一杯も飲んでみたくなる。しかし、待てよ。海の水が凍ったものなら、もしかしてしょっぱくて、とても飲めたものではないのではないか？

たしかに少しだけしょっぱく感じるだろう。

ふつう、水が凍るときは、ほかの物質が混じっていても純粋に水だけが凍ろうとし、ほかの物質は外に出してしまおうとする。たとえば、缶ジュースを家庭の冷蔵庫の製氷皿で凍らせると、できた角氷を口に含んだとき、甘いジュースだけ先に出てきて、あとに味の薄い氷だけが残る、あの現象だ。

そもそも海水には一キログラム中に約三三グラムの塩分が含まれているため、真水が零度で凍りはじめるのに対し、流氷はマイナス一・八度で凍り始める。このときできる氷の結晶は、海水のなかの真水の部分だけが凍ったもので、塩分を吐き出しながら成長する。

しかし、塩分の一部は逃げそこなって、氷の結晶の間に閉じ込められてしまう。したがって流氷の内部には、もとの海水の三分の一ほどに減少した塩分が含まれている。

また、流氷の塩分は、氷が長い間陸に乗り上げていたり、厚く成長するにしたがってさらに少なくなっていく。ただし例外として、成長し始めた流氷の表面に塩分がにじみ出した場合や、海の上の流氷の温度が高くなり海水を吸い上げた場合はとてもしょっぱいことがある。しかし、ふつう流氷は少しだけしょっぱいというのが実感だろう。

そうなると、もし、流氷を飲み物に使うなら、少し塩気がきいているだけにオンザロックよりトマトジュースに浮かべたほうが合いそうだ。

## 血液型「O型」の本来の呼び名は「0（ゼロ）型」？

刑事事件の犯人特定、親子関係の鑑定といったものに用いられるのが血液型だ。

このときに使われるのは、いくつかある血液型分類法のうちのA・B・O方式である。

血液中の赤血球が持つ抗体の型による分類で、A型、B型、O型に加えてAB型と四種に分けられる。

しかし、A、Bと分けたら三つ目をCとしそうなところを、なぜOとしたのだろうか。

じつは、一九〇一年、最初に血液に型があることを発見した、オーストリアのラントシュタイナー博士らは、当初はA・B・Cとしていたのである。A抗体を持つのがA型、B抗体を持つのがB型、どちらの抗体も持たないものをC型としたのだが、その後の研究でどちらの抗体も持つタイプが見つかってしまった。

そこでこの新しいタイプをAB型として、持たないC型は「0（ゼロ）型」と名を改めたのである。つまり、持っている抗体の型で分類・命名したのだから、どちらの抗体も持っていないことから「ゼロ」ということにしたわけだ。

アルファベットのA、Bと並列されているため、同じアルファベットを用いてO（オー）ということになってしまったが、正しくは0（ゼロ）だ。0（ゼロ）がO（オー）に変わった経緯は不明である。そそっかしい人が見誤ったのか、A・Bときてゼロでは変なのでオーにしたのか……。

ただし、最初に用いられたC型という名称は、A・B・O方式からは消えてしまったが、一九四〇年に見つかったRh抗原による分類ではC・c・D・E・eという五種があり、しつかりCの名は残されている。

## 「お月見」にはどうしてお団子を供えるのか

お月見といえば、満月と月見団子《つきみだんご》を思い浮かべる。月を観賞しつつ供え物をする習慣は、中国で元《げん》か明《みん》の時代に始まり、室町時代の中頃、日本に伝わったようだ。

そもそも中国の伝説では、月兎《げっと》というウサギが月桂樹《げっけいじゅ》の葉を臼《うす》でついて、月桂丸という不老長寿の薬を作るというが、これが日本に伝わると、いつの間にか仲秋《ちゅうしゅう》の名月《めいげつ》にウサギが餅《もち》をつくことになった。

餅をついて団子に丸めるというのは、日本人の情緒《じょうちょ》に合うらしく、多くの祭りに餅や団子が登場するし、望月《もちづき》の「もち」とも語呂が合う。文献に月見団子が登場するのは、江戸時代の後期からである。

ただし、月に供えるのは団子ばかりではない。サトイモを煮て食べる芋名月《いもめいげつ》、枝豆《えだまめ》を食べる豆名月《まめめいげつ》、栗名月《くりめいげつ》などもある。江戸時代前期の文献には、芋名月や豆名月が登場しているので、団子より歴史が古いようだ。

また、中国では月に月餅《げっぺい》を供え、これを人々が贈り合う習慣がある。月餅にはいろいろな形があるが、本来は満月にならって円形にするといわれている。これも月見団子に影響を与えたのかもしれない。

## おいしいご飯も冷めるとまずくなるのはなぜ？

どんなにものぐさな人でも、冷蔵庫の残りご飯を食べるときには電子レンジでチンするだろう。冷たいご飯は正直おいしくない。

ご飯が冷えるとまずくなるのは、αデンプンがβデンプンに変わってしまうため。ご飯には二とおりのデンプンがあるのだ。

生の米はβデンプンの状態にあり、水を加えて炊《た》くと九五度を超えるあたりからαデンプンに変わっていく。水の分子が入り込んで結晶性の粒がくずれ、水分を吸いやすい性質になり、ふっくらとやわらかなご飯になる。

これは、麦やイモなどでも同じ。βデンプンを加熱調理してαデンプンに変え、食べているのだ。βデンプンは腐りにくくて保存にはいいが、消化酵素のアミラーゼで分解されにくく、消化が悪い。

αデンプンはその逆で、消化にいいが、保存には向かない。傷みやすいうえに、水分があると少しずつβデンプンに戻ってしまう。おいしいご飯も冷めるとβデンプンへと変わって、まずくなるというわけだ。

## 「逆鱗にふれた」というけれど、いったい身体のどこにある？

「逆鱗《げきりん》にふれる」という慣用句は、人の怒りを買うことをさすが、とくに目上の人や実力者の反感を買ったときに使われる。

これは、中国の戦国時代の法家《ほうか》で信賞必罰《しんしょうひつばつ》を説いた韓非《かんぴ》が著したとされる書物『韓非子《かんぴし》』に出てくる言葉。

逆鱗とは本来は竜のアゴの下にあるとされるウロコのことで、向きが逆に生えているという。

誤ってこれに触れると、竜を怒らせてしまうと伝えられている。人間でいえば逆毛《さかげ》を引っ張られて痛い、というようなものだろうか？

この竜の逆向きのウロコと同じようなものを、天子《てんし》ももっているとされる。ここから、天子に意見を述べたり何か進言したりするときは、おだやかに、この逆鱗にふれないよう話すべきだと、韓非は説いている。

とは言っても、部長のアゴの下を見たところで、機嫌をうかがい知ることはできないのであしからず。

## 幼稚園と保育園、何がどう違っているのか

幼稚園と保育園は、どちらも小学校に入学する前の子どもが通う施設だが、いったいどこが違うのだろう。

幼稚園と保育園は、もともと設立された目的が違っている。幼稚園は、学校教育法で「幼児を保育し、適当な環境を与えてその心身の発達を助長すること」とされているのに対して、保育園は、児童福祉法で「日々保護者の委託を受けて、保育に欠けるその乳児又は幼児を保育すること」と定められている。

つまり、幼稚園は教育が目的、保育園は児童福祉が目的なのだ。この違いのために、監

督官庁も異なる。幼稚園は文部科学省、保育園は厚生労働省の管轄だ。

また、この目的の違いによって、保育園は〇歳児から入園できる代わりに、自営業などを営んでいて子どもの面倒を見ることができないなど、「保育に欠ける」児童しか入園できない。保育時間は、一般的に午前七時半～九時ぐらいから午後五時～六時半ぐらいと長く、休みは日曜祝日と年末年始だけである。

これに対して幼稚園は教育施設なので、年齢は三歳児からで、午前九時ぐらいから午後二時ぐらいまでと時間が短く、学校と同じように夏休み・冬休み・春休みがある。

こういった違いはあるが、保育園でも三歳児以降なら幼稚園のような教育が行なわれるところも多く、保育園に教育目的がないわけではない。そのため、両園を一本化する構想も出ているが、監督官庁の違いからなかなか実現していない。いまや両者の違いは、目的というよりも監督官庁の違いといったほうがよいかもしれない。

## 「円」というお金の単位を発明した歴史上の人物とは

江戸時代まで、日本ではお金の単位として「両《りょう》」が用いられていた。「両」は貨幣が普及する以前から使われていた単位で、平安時代には砂金を紙に包んで「金××両」と表示した。そのため、金貨が鋳造されるようになると、単位が「両」に決まったのだ。

それが、明治時代からお金の単位は「円」となった。お金の単位を変えたのは、明治新政府が幕府の通貨の「両」を嫌ったからだが、ではどうして「円」にしたのだろうか？

これには諸説あり、興味深いのは大隈重信《おおくましげのぶ》の発案という説だ。

新政府の役人たちが新しい通貨の単位を決めるための議論をしていたとき、財務担当参議だった大隈重信が、「お金のことをあらわすのに、みんな指で丸を作る。丸は円だから、お金の単位も『円』にしよう」と提案したというのである。

ただし、これには、大隈が出したのは「元《げん》」という案で、その後に「円」に決まったという異説もある。

「元」は今日の中国で用いられている単位だが、明治初頭に香港《ホンコン》で流通していた通貨には、「円」という単位の銀貨もあった。これにならったというのである。「元」が中国では「圓《えん》」の略字で、通貨に「圓」と表示されていることにも関係があるのではないか、という説もある。

ともあれ、一九七一（明治四）年の「新貨条例」により、日本の通貨の単位は「円」と定められた。翌年、「円」をローマ字で「ＹＥＮ」と表記するようになったが、なぜ「Ｙ」

がついているかという理由についても、「EN」では外国人が発音しにくいなど、諸説あってはっきりしていない。

## 絶叫マシーンが男女を強く結びつける意外な理由

世界的にヒットした一九九四年公開の映画『スピード』を覚えているだろうか。

バスに仕掛けられた爆弾が、バスのスピードがある速度以下になると爆発するよう設定されている。そのバスに偶然乗り合わせた女性と、爆発を回避しようと奮闘する男性が、恐怖のなかで時間を共有し、事件が解決したときには愛し合うようになっていた。

「荒唐無稽《こうとうむけい》なストーリー」と言う人は、男女の微妙な心理を理解していないといえる。危険をともにした男女が愛し合うのは、むしろ、自然の成りゆきと断言してもいいからである。

まず、恐怖の体験は、男女双方の感情に生理的な衝動をもたらす。生理的な衝動は、性的な覚醒《かくせい》を呼び覚ますため、いっしょにいた者同士が魅惑的に見えるようになる。

恐怖心を恋愛感情と錯覚し、異性に対して恋愛感情を抱いてしまう「ラベリング効果」

も理由として考えられる。人間は恐怖を体験すると、興奮から本能的に心臓の鼓動が速くなる。この鼓動の高まりは、異性に恋愛感情を抱いたときのものと似ている。心臓の鼓動の高まりという生理的興奮を、恐怖心からではなく、その場に居合わせた異性への感情からだと推測し、ラベリングしてしまうというのである。

また、ラベリング効果は、恐怖のまっただ中というより、恐怖を体験してしばらくたった後に起こりやすい。『スピード』のなかで、主人公の男女が抱き合ったのも、死への恐怖の瞬間が過ぎ去った直後であった。

こうした恐怖心と恋愛感情が並立する心理的効果を応用すると、これまで友達以上を超えられなかった異性関係を、恋愛関係へと発展させるキッカケをつかむこともできよう。たとえば、彼女を絶叫マシーンに誘い、スリルと興奮を体験させるのだ。心臓はドキドキとはためき、きっと恋の誤解が生じるだろう。

## 気球やパラグライダーを飛ばすのに免許がいらないってホント？

空を飛んでみたいと思ったことはないだろうか。しかし、飛行機の操縦には免許がいる。

セスナやヘリコプターを操るにしても、免許を取得するのは容易ではない。

ところが、免許が不要で、訓練にも時間がかからず、費用を比較的安価におさえて空を飛ぶことができる方法がある。

気球、パラグライダー、ハンググライダーなどがそれである。

いずれも、単なるスポーツかレジャーだと思っているかもしれないが、これらに乗れば相当の距離を飛行することができる。気球で太平洋を渡るとなると、「冒険」ということになってしまうかもしれないが、それでもきちんと計算して準備すれば不可能ではない。一九九三年には、スイス人の医師とイギリス人の気球インストラクターが、史上初めて無着陸の世界一周に成功している。

ただし、各業界のルールに則《のっと》り、きちんとした指導を受けているという条件はもちろん求められる。それが「免許」の代わりといえよう。

しかし、同じ空を飛ぶのに免許が不要なのはなぜかといえば、航空法によれば、これらは「空中の浮遊物」としてあつかわれているからだ。要するに、空気に混じったゴミやチリ、花粉と同じ立場にある。

それでも人が乗っていれば、「ゴミ扱い」とはとうていいかない。そこで、航空法の適用は受け、同法に抵触する行為があれば、処罰の対象にされる。だから、免許取得のための勉強が不要でも、航空法は勉強しなければならない。簡単に自分一人で空を飛ぶことは、なかなか難しいのである。

## 形状記憶シャツはなぜ服がシワシワにならない？

ふつうのシャツを洗濯機で洗うと、シワシワになってしまう。そこでたいていは、アイロンをかけてシワを伸ばさなければならない。

ところが、洗ってもシワにならず、アイロンをかける必要がない便利なシャツがある。形状記憶シャツだ。

シャツを作っている糸の繊維は、目に見えないほど細かい高分子セルロースがたくさん集まってできている。この繊維を折り曲げると、繊維同士の位置関係がずれる。ずれたままの状態がいわゆる「シワ」だ。

ここで、繊維同士をあらかじめ化学的に結合させて、最初の位置関係を固定しておく。すると、位置関係がずれても、もとの固定された位置に戻ろうとする力が働くのでシワになりにくいというわけ。繊維を固定するにはいろいろな方法があるが、共通するのは、二本以上の繊維と化学的に結合する薬品にさらすこと。

ただし、たくさん固定してしまうと糸の柔らかさが失われるので、まばらに固定しておく。また、薬品にはホルマリンが使われることが多いが、ホルマリンは毒性が強いため、なるべくホルマリンを残さない工夫をしたり、代用の薬品を使うメーカーが増えている。

# 第2章

# 雑談力がメキメキ上がる！

# 教養雑学

# アメリカの首都「ワシントンD.C.」のD.C.って何？

アメリカ合衆国の首都は「ワシントンD.C.」。日本ではたんに「ワシントン」ということが多いので、どうして末尾に「D.C.」をつけるのか、なんとなく疑問に思っている人も多いだろう。

この「D.C.」は、〝District of Columbia〟（コロンビア特別地区）の略。ジョージ・ワシントンとクリストファー・コロンブスをたたえてつけられた名称で、どの州にも属さず、連邦議会の直轄地となっている。一九八二年に、住民投票で「ニュー・コロンビア州」設立が決議されたことがあったが、連邦議会はそれを承認しなかった。

ワシントンD.C.を設計したのは、独立戦争のときにワシントンの部下だったフランス人志願兵、ピエール・シャルル・ランファン少佐である。

ランファンは、宮廷画家の息子で、パリの王立絵画彫刻アカデミーで学び、美術や建築に詳しかった。

1790年に首都をポトマック河畔に建設することが決まり、翌年、メリーランド州とバージニア州から二六〇平方キロの土地を譲り受けると、ランファンの知識を高く評価したワシントンは、その都市計画を委託した。

ランファンは、首都建設計画のさなか、弁務官たちと口論したのがもとでクビになったが、彼が立てた計画は無事に進行し、首都は完成した。

首都の正式名称は「コロンビア特別地区（D．C．）」と決まったが、その後、しばらくのあいだ、「ワシントン市」としての法人格を与えられたことから、両者をあわせて「ワシントンD．C．」の呼称が定着したのである。

ランファンの設計でつくられたワシントンD．C．の街路の特徴は、放射路と直交路の組み合わせにある。

放射路のとくに目立つふたつの結節点には、ホワイトハウスと連邦議事堂がある。

## 勘定を払うのに「お愛想して」はなぜヘンなのか

寿司屋などで会計をするときに、店の人に「お愛想《あいそ》して」と声をかけるお客がいるが、これはちょっとヘンな使い方。

「愛想」とは、もともと遊郭《ゆうかく》で盛んに使われた言葉で、客が帰るときに遊女《ゆうじょ》が、「おや、もうお愛想かい」などとすねて見せた。遊里《ゆうり》では、見せかけだけであっても愛想が肝心《かんじん》。

そのうち、帰るので勘定《かんじょう》を支払うことを、「お愛想」というようになった。歌舞伎《かぶき》では、本心は別れたくないのに、男のためを思って女が縁を切ることを指す。現在でも、男女関係に限らずイヤになったことを「もうあいつにはとことん愛想が尽きた」などと表現したりする。もっとさかのぼると、「愛想」は仏教用語で、とらわれの心、執着《しゅうちゃく》のことだったようだ。仏教語には、遊里で使われ、それから一般に広がったものが多い。

寿司屋や料理屋が勘定を「お愛想」という言葉を使うのは、そもそも「帰ってほしくないんですが」という気持ちを込めて、無礼を遠慮しつつ勘定書きを差し出すという意味合いを持っているからなのだ。お客のほうから「お愛想して」というのはまさに主客転倒《しゅかくてんとう》だ。お客は「お勘定」と声をかけ、店の人は「はい、お愛想ですね」と返すのがスマートなやり取りだ。

## 山の「×合目」の由来は何と、穀物を盛った形から？

登山道では、よく「×合目《ごうめ》」という表示が見られる。麓《ふもと》から順に「一合目」「二合目」……と数字が増えていって、一〇合目が頂上となる。

この「×合目」という表示は、登山道の距離か標高を一〇分の一刻みにしているのかと思うところだが、そうではない。

たとえば富士山の場合、登山口はいくつもあるが、一合目の高さは、吉田口《よしだぐち》は一五二五メートル、御殿場口《ごてんばぐち》は一三〇〇メートル、大宮口《おおみやぐち》は一〇八〇メートルなど、ルートによって異なる。それに加えて、数字が等間隔で刻まれてもいない。

距離の場合もやはり等間隔ではなく、合目の数字が増えるにつれて間隔が短くなる場合が多い。

結局のところ、「×合目」は、距離とも標高とも無関係のようだ。

この「×合目」というのは、登山の難易度と関係がある。ここから難易度が上がるというところで、「×合目」の数字が大きくなるのである。

この「×合目」という呼び方は、富士登山に始まるといわれている。

富士山は昔から信仰の対象で、平安末期から鎌倉時代にかけて修行の場とされ、室町時代以降になって庶民も登るようになった。とはいえ、富士登山は難儀《なんぎ》なので、難易度によって「×合目」と呼んだり、合目と合目の間に設けた休憩所の位置を「勺《しゃく》」であらわしたりして、登山の目安としたのである。

「合目」の由来は、「富士山の形が穀物を盛ったようなので、穀物をはかる『合』を用いた」あるいは「登山のときに灯火に用いた油の量の『合』による」など、諸説ある。

なお、この合目は、登山道や交通手段の変化に伴い、昔と現在とでは位置が変わってきている。

## ハンカチを正方形にしたのは誰もが知ってるフランス貴族のあの人

ハンカチは、古代エジプトにはすでに存在したらしい。紀元前三〇〇〇年頃の王女の墓から発見された小さな麻布は、ハンカチではないかといわれているからである。

だが、今日のハンカチは、中世ヨーロッパの女性たちが頭や肩を覆《おお》っていた「カチーフ」という布に由来する。

帽子が作られるようになると、カチーフを手（ハンド）に持ったりするようになったため、ハンドカチーフ（略してハンカチ）というようになった。

ハンカチは、ポケットからのぞかせてファッションにしたり、婚約のしるしとしてイニシャルを入れて男性から女性に贈られたりした。とくに女性の間でハンカチは気に入られ、流行した。

近世のフランスでは、ハンカチは絹製の貴重品で、一七世紀後半から、長方形や三角形や卵形など、さまざまな形のハンカチが登場した。

それがなぜ、今日のように正方形のものだけになったのか。

その原因は、ルイ一六世の王妃マリー・アントワネットにある。

オーストリアのハプスブルク家から嫁いできたマリー・アントワネットは、おしゃれを最大の関心事としていた。その浪費は、フランス革命の遠因の一つといわれるほどであった。

その彼女が、なぜかさまざまな形のハンカチを気に入らなかったらしく、国内のハンカチをすべて正方形に統一するよう、夫のルイ一六世に進言《しんげん》したという。

ルイ一六世はこれを受け入れたため、以来、フランスのハンカチはすべて正方形になったようだ。

あまり知られていないが、日本ではこの故事を記念し、マリー・アントワネットの誕生日（一一月二日）に近い祝日の一一月三日が「ハンカチーフの日」となっている。

## 顔の右半分は「なりたい自分」、左半分は「本来の人柄」？

人間の顔は、左右対称ではない。顔を鏡に映してよく観察してみればよくわかる。顔の右半分と左半分を交替で隠してみれば、もっとよくわかるだろう。

人間の顔は、右半分はやさしいイメージを与え、左半分は右に比べて恐い感じがすることが多いとされる。多くの人は表情が右半分のほうが発達しているともいわれる。

この左右の違いはどこから生まれるのだろうか。一般的に、顔の右半分は、「こういう顔になりたい」という願望を表わしており、左半分は本来の人柄を表わしているといわれている。

また、左半分は、自分の性格の邪悪な側面を示すという説もある。「邪悪な」「不吉な」を意味するラテン語「sinister」やイタリア語「sinistro」には、「左」の意味がある。

このように顔には左右の違いがあるので、日頃から鏡を見て自分の顔の左右の違いをよく確かめておきたい。その上で人と話すときには、どういうイメージを与えたいかを考えて、どちらの顔を多く見せるかを決めるとよいだろう。

デートのときや相手と親密になりたいときは、やさしく親しみやすい印象を与える右半分を多く見せるようにして、談判や交渉ごとのときは、知的で冷静でちょっと恐いイメージの左半分を多く見せるようにすれば、何らかの効果が期待できるかもしれない。

## クモの糸は針金よりも強い、は本当か？

木や天井から垂れ下がるクモの糸をふり払おうとして、うまく切れずに絡《から》みついてきたという経験はないだろうか。あまり知られていないが、クモの糸はとても丈夫で、どんな天然の繊維よりも強度が高いほどだ。

もちろん、糸の強度はクモの種類によって違うが、ほとんどのクモは三～六種類もの糸をもっている。縦糸に使うもの、横糸につけて粘らせるもの、獲物を包むものなど、さまざまな糸を別々の糸腺《しせん》から出して用途別に使い分けている。

なかでも、壷状腺《つぼじょうせん》から出される糸は、縦糸になるほか、自分を支える命綱としても使われるために強度が高い。ニワオニグモの場合、命綱の直径は○・○○三ミリ程度しかないのに、○・五グラムの重さを支えることができる。同じ細さの鋼鉄の糸がその半分の重みで切れることを考えると、その強度がわかるだろう。ナイロンと同じ程度の強さで、弾力性はその二倍くらい。ゴムより切れにくいくらいだ。

とはいえ、メスがもっている卵を包む糸などは、重みを支えるものではないので、あまり強くはない。命綱の強度は必要性から生まれた自然の驚異といえるだろう。

## 料亭の玄関にある「盛り塩」を「清め塩」と思ったら大間違い

料亭などの店先で山の形をした盛り塩をよく見かける。

相撲の土俵上で力士《りきし》が塩をまいたり、葬儀の会葬礼状の中に清め塩が入っていたりするのは、塩に神聖さを求める日本古来の習慣だ。

その知識があるから、店の前の盛り塩にも、客のための厄払《やくばら》いとか、店内に災いを持ち込ませないための儀式のようなものと思いがちだ。しかし本当のところは、ただのまじないに過ぎない。

といっても歴史ある風習で、中国の故事にならったものである。

古代中国では、皇帝が愛妾《あいしょう》を持つのはあたりまえだった。「後宮《こうきゅう》の美妃《びき》三千人」といわれるほど多くの愛人を抱え、宮中に住まわせていた。皇帝は気の向くままに彼女たちの誰かを訪れるわけだが、彼女たちの間にはライバル心が燃え上がる。

そんな中の一人が、何としてもほかの愛人よりは自分の家に立ち寄ってもらいたいと思いついたのが、自邸の前に塩を少々盛り上げておくことだった。

当時の皇帝の乗り物は牛車《ぎっしゃ》で、塩は牛の大好物とされていたから、牛が塩につられて自分の屋敷にくるだろうと考えたのだ。

草食動物の牛にとって、塩分の摂取は必須という科学的事実が、当時は「大好物」と誤解されていたのだが、この愛人の思惑は見事にはまり、その夜の皇帝の訪問とあいなったという。

この故事から、飲食店では「客を呼び寄せる」というまじないとして、盛り塩をするようになったのだった。

## サケはなぜ生まれ故郷の川へ戻ってこれるのか

サケは秋になるとふるさとの川を遡上《そじょう》して産卵し、春に孵化《ふか》した稚魚《ちぎょ》は川を下って大海の旅へと泳ぎ出す。そしてまた、孵化したふるさとの川へ戻って産卵するという、生命の営みが繰り返しつづけられる。

といっても、サケの姿は似たようなものなのに、なぜ同じサケが生まれた川へ戻ってきているることがわかるのだろうか。これは、人工孵化した稚魚《ちぎょ》のヒレの特定の箇所を切ったサケを放流したり、超音波装置や放射線装置をつけてみたりと、個体識別に工夫を凝《こ》らして確かめた結果による。

それにしても、広い大海を一三〇〇～一四〇〇キロも遊泳したサケは、なぜ確実に生まれ故郷の川に間違わずに帰ってくることができるのだろうか。帰郷まではおよそ四年という時間が経過しているにもかかわらずである。

じつは、彼らが頼りにしているのは嗅覚である。「母川回帰《ぼせんかいき》」と名づけられたこのサケの帰巣本能《きそうほんのう》の不思議は、長い間の謎であった。ところが、ある実験で確かめた結果、その要因が嗅覚ということがわかったのである。

実験方法は、鼻に蓋《ふた》をしたサケと何もしないままのサケを同じ川に放すというものだった。すると、何もしないサケは帰郷したが、蓋をした個体は一匹も帰ってこなかったのである。

サケは、川の水、川底の石、あるいは河口の護岸壁など、懐かしいふるさとの「香り」の記憶を頼りに、長い旅から産卵後の死を迎えるために、生まれ故郷をめざしていたのだった。

## 東京の桜の開花は靖国神社の三本の桜で決まる？

毎年三月、気象庁が桜の「開花予想」を発表する。これは一九五五（昭和三〇）年から始まった行事だ。

気象庁の各管区気象台には、生物季節の観測対象となる「標準木」と呼ばれる樹木がある。近年まで、桜の開花予想は、標準木のソメイヨシノから採集したつぼみ一〇粒の重さと、二月の平均気温や降水量、三月の予想気温などの数字を数式にあてはめ、開花日を予想していた。

以前はつぼみの重さだけで予想していたのだが、一九九六（平成八）年から、より精度を高めるため、前記のように気温などのデータも導入されるようになったのだ。

東京都の桜の標準木とされているのは、靖国《やすくに》神社の三本のソメイヨシノである。これは、昭和二〇年代に東京の各公園や名所の桜の開花日を平均したところ、靖国神社の桜が最も平均日に近かったためといわれている。

だが、今日では、気象庁が過去の開花日や気温のデータから作成した予測式により、桜前線の北上とともに開花日を全国分まとめてコンピュータで算出している。

とはいっても、標準木の役割がなくなったわけではない。開花宣言は、標準木に数輪の花が咲いたときに出されているのである。

また、「五分咲き」などの開花の割合は、コンピュータの計算ではなく、人間の主観で決められる。桜を見た人が「五分咲き」と思えば「五分咲き」なのである。開花日の予想がハイテク化しても、人の目に頼る部分は依然として残されている。

## 宇宙酔いって いったいどんな状態？

日本人からも続々と宇宙飛行士が誕生し、宇宙ステーションの建設も進み、地球外で人間が暮らすことも、夢物語ではない時代がやってきた。

すると、素朴な疑問がいくつか浮かんでくる。たとえば、地上を船や車で移動する際に船酔いや車酔いという現象が起こるが、はたして宇宙空間では「宇宙酔い」という現象は起こるのだろうか。

回答からいえば、「宇宙酔い」は起こる。たいていの宇宙飛行士がすでに体験していることで、症状は、地上での乗り物酔いに似ている。頭が重く、倦怠感《けんたいかん》に悩まされ、冷や汗をかいたり吐き気をもよおす。数日間は、この宇宙酔いに悩まされるという。

なぜ、宇宙酔いになるかは、諸説考えられている。もっとも有力なのが感覚混乱説で、地上において人間は、前庭器官《ぜんてい》である眼から視覚情報と半規管《はんきかん》から角加速度情報、そして耳石器《じせきき》から重力と直線加速度情報を得、体感覚受容器から圧情報を得てバランスをとっている。

ところが、宇宙の無重力状態下では、視覚情報を除いた他の情報が失われるか、誤って体に入力されてしまうため、乗り物酔い状態になるというのだ。

また、体液のシフト説というのもある。通常、人間は下半身に重力が働く。心臓は休むことなく全身に血液を送り出しているが、心臓よりも上の諸器官へは、重力にさからい血液を送るため、ポンプで押し上げるような余分なパワーを必要とする。が、宇宙へ行って、いつもの勢いで上部に血液を送っていたら、上半身に血液が集中してしまい、内耳《ないじ》にある半規管や耳石器の内圧が増し、その結果、神経に伝わる情報が変化し、乗り物酔いに似た状態になる。

さらに、顔がむくむ「ムーンフェイス現象」といったことも起こる。

予防薬も開発されているが効果は絶対的なものではなく、環境に体が慣れることがいちばんなのは、宇宙空間でもかわりはない。

# イタリアではなぜパスタの原料が法律で決められているのか

イタリア料理の代表といえば、パスタが挙げられる。

パスタの起源は、古代ギリシャ、古代ローマ、中国など諸説あって、はっきりしたことはわからない。ともあれ、一三～一四世紀頃からイタリアで生パスタが食べられるようになり、一四～一五世紀頃から、今日のような保存のきく乾燥パスタがイタリア南部で登場したようだ。

日本にパスタが伝わったのは一八九五（明治二八）年だが、広く普及し始めたのは昭和三〇年代以降である。

本場のイタリアでは、パスタについての思い入れが強く、品質保持のため、「パスタの原料はデューラム小麦のセモリナ（粗挽《あらび》き粉）一〇〇パーセントを使うこと」「保存料は一切入れない」などと法律で決められている。いかにもイタリアらしい法律だ。

デューラム小麦は、パンなどに用いる強力粉よりさらにグルテンが多く、コシの強い小麦である。イタリアなどの地中海沿岸はこのデューラム小麦の栽培に適しているのだが、パスタの歯ごたえとコシの強さは、デューラム小麦のセモリナを原料にしているところから生み出されるといえる。

イタリアのパスタへのこだわりは外国にも影響をおよぼしたようで、ドイツやフランスでも同様の法律ができている。

日本ではそこまで厳しく決められていないが、消費者のニーズもあって、デューラム小麦一〇〇パーセントの商品が多いようだ。

## なぜ北海道だけ「県」ではなく「道」になったのか？

現在の日本の行政区分は都道府県だ。東京が「都」になったのは第二次世界大戦後のことで、それまでは「府」だった。過去の歴史を踏まえて大都市に府を使ったのだろう。

それにしても、北海道だけが「県」ではなく「道」であることの違和感は残る。なぜ「北海県」ではいけなかったのだろうか。タネを明かせば、北海道も過去には「県」だったことがある。しかも、三つの「県」に分かれていたのだ。

北海道は、かつて蝦夷《えぞ》と呼ばれた地で、蝦夷はまたさらなる過去に東北地方をさした時代があり、都から遠く離れた場所を意味していた。

だから北海道の開発は進まず、本格的に日本政府が開拓をはじめたのは明治維新後であった。

開発のために開拓使を置くことになったのだが、蝦夷という名ではそれこそ東北地方と混乱してしまう。そこで、古代の東海道や山陽道という名にならって全島をまとめ、「北海道」という名前がつけられたのだ。

そして一八八二（明治一五）年、一応の成果があったとして開拓使を廃止し、廃藩置県《はいはんちけん》で生まれた全国の名前とともに、函館《はこだて》県、札幌《さっぽろ》県、根室《ねむろ》県の三つの県が生まれた。

この頃の人口は、いちばん開けていた函館県でも一四万人強、札幌県で一〇万人弱、根室県に至ってはわずか一万人余だった。ただし道東の中心として千島《ちしま》、釧路《くしろ》、網走《あばしり》、足寄《あしょろ》にまで広がる面積は、長野県の二倍もの広さである。

ところが、全島の面積があまりに広いのと人口の少なさに、県を置いたところで成果は上がらない。また、行政区分が分かれていると開拓には不便である。そこで、再び北海道として一つの行政区分に戻すことになり、わずか四年後の一八八六（明治一九）年、三県は廃止された。

現在は広大な土地の行政をスムーズにするため、道内を一四の支庁に分けているが、この区分は、市や郡とも異なる独自のものとなっている。

## 地図はいつから「北が上」と決まった？

今日では、北が上にくる地図があたりまえになっているが、地図は、昔からずっと北が上だったわけではないし、北を上にしなければいけないという原則があるわけでもない。

中世のヨーロッパの世界図では、キリスト教的世界観から東を上にしたものが多く、イスラムの世界図も、その宇宙観から南が上になっている。スイスの古地図はアルプスのある南を上にしたものが多い。日本の奈良時代の行基図《ぎょうきず》で多く見られるのは、南や西を上にしたものである。もっとのちになると、山や文字が四方を向いていて、どちらが地図の上なのかはっきりしないものも多い。

では、いったいいつごろから、地図の上を北とする習慣が定着したのだろうか？

これは、いわゆる大航海時代ごろのプトレマイオスの世界図の復刻や、羅針盤《らしんばん》を用いた海図から生まれた習慣ではないかといわれている。磁針《じしん》を用いて方位を知る方法は、一一世紀末ごろまでには中国で発明され、アラビアを経て中世のヨーロッパに伝わり、一二世紀末ごろ、磁針を方位盤にとりつけた羅針盤が生まれた。

十字軍の輸送に始まった地中海の海上交通から、航海術や造船術を発達させたベネチアやジェノバなどでは、一三世紀はじめごろから、この羅針盤を用いた「ポルトラーノ型海図」と呼ばれる海図がつくられるようになる。つねに針が北をさす羅針盤の利用と関わりが深いので、ポルトラーノ型海図では、すべて北が上に描かれていた。

また、一五世紀はじめごろから、ヨーロッパでさかんに復刻されたプトレマイオス世界図でも、ほとんど北が上に描かれている。このあたりから、北を上に描く習慣が定着したものと思われる。

ただし、現在でも、地域の案内図などでは、わかりやすさを優先して、北を上にしない地図もたくさんある。

## 「南極圏」「北極圏」の範囲はどこからどこまで？

「南極圏」「北極圏」という表現があるが、これは、いったいどこからどこまでの範囲を指すのだろうか？

北極海や南極大陸といった地形、はたまた周辺の国々との国境とはなんの関係もなく、この基準はいたって単純。両者ともそれぞれ、緯度が六六・五度より高緯度の地域をいう。北緯六六・五度より北が「北極圏」、南緯六六・五度より南が「南極圏」だ。

なぜかというと、地球の自転軸は、太陽のまわりを公転する軌道面に垂直に立てた垂線に対して、二三・五度だけ傾いているため、90-23.5=66.5で、六六・五度以上の高緯度では、太陽が地平線より下に沈まない日、地平線より上に昇らない日が、年に一日以上ある計算になる。

こういう太陽が沈まない日や昇らない日がある地域が、「南極圏」「北極圏」と定義されているのだ。

太陽が沈まない日や昇らない日は、高緯度に行くほど多くなり、両極とも、極点では、春分の少し前に年に一度の日の出があり、秋分の少しあとに年に一度の日没がある。

## 生命保険の生みの親とハレー彗星の意外な関係

宇宙を周期的に回って地球に近づいてくるハレー彗星《すいせい》は、その周期を見つけ出した一七世紀イギリスの天文学者ハレーの名をとってつけられたものだ。

彼は、古くからのいくつかの文献に大きな彗星の接近が記録されているのに気づき、軌道があるのではないかと考えた。そして、文献でわかる内容だけをもとに計算し、次にこの彗星が地球に近づく日時を割り出した。

こんな計算が得意のハレーが残したもう一つの偉業が、生命保険に関わるものだ。近代的な生命保険の最も頼りとする「生命表」、つまり生存と死亡の確率や割合を統計的に調べたことで、無理のない保険設定を可能にしたのである。完成は一六九三年のことだ。

生命保険の発想は古くからあり、それまでも実際に相互扶助のような形式では存在していた。最初の保険らしいものは中世ヨーロッパのギルドが行なっていた。

同業者組合だったギルドでは、組織内の仲間同士で、資金援助や病気になった場合の生活保護などをしていたが、その中に、死亡した場合の遺族への生活保障も含まれていた。

一七世紀になると、牧師たちの組合が毎月一定の金額を出し合っておき、仲間にもしものことがあったとき遺族へ贈るシステムを考案している。ただ、出し合う金額が年齢に関係なく一定額だったため、年齢の若い牧師から不満が出て長続きはしなかった。

その頃、ハレーが得意の計算を駆使して、一歳の者一〇〇〇人が、一定年齢まで何人生きると見込めるか、という確率を示した生命表を完成させた。これにより、ロンドンに本格的な生命保険が誕生したのだった。

なお、日本にこの保険制度を初めて紹介したのは、福沢諭吉《ふくざわゆきち》である。

## 古代エジプトのミイラ製造法、三コース教えます

考古学において古代エジプト王朝が魅力的である理由のひとつとして、墳墓《ふんぼ》から発見されたミイラが、数千年の時空を超えて現代に語りかけるということがあげられる。腐敗が進まず、遺体が保存されている姿はとても神秘的だ。

当時のエジプトの人たちはミイラをどのように作っていたのだろうか。その製造法については、紀元前四五〇年ごろにエジプトを訪れたギリシアの歴史家ヘロドトスによって詳細が紹介されている。それによると、ミイラの作り方には、日本風にいえば松、竹、梅のコースがあったようだ。

松コースは、まず鉄鉤《かぎ》で鼻孔から脳髄《のうずい》を取り出す。取り出せなかったところは、薬剤を注入して腐敗させた後に取り出す。続いて内臓処理に移り、鋭い石で切開し、きれいに取り出してしまう。なお、取り出した内臓は「カノプスの壷《つぼ》」と呼ばれる臓器壷に納めて墓

に安置していた。その後、腹腔は油で洗って香料で清め、防腐剤を入れて縫い合わせる。七〇日間、天然ソーダの一種であるナトロンに漬けて脱水させる。最後に、樹脂を浸した布で巻き込んで完成である。

梅コースは、油を肛門から注入し、漏れないように栓《せん》をしてナトロン漬けにする。その後、油で分解された内臓とともに流し出すという方法だ。遺体を切開することはない。

竹コースは、腹のなかを下剤で洗浄してナトロン漬けにするだけというもの。王家だけでなく一般の人々の間にもミイラになることで、死後も復活できるという来世志向が広まった。

王族の遺体ともなると、手の込んだ松コースで、人体を正確に解剖する技術が要求された。このことは、農具などに転用される器具の開発や、医学的な知識を向上させるという副産物をエジプト文化にもたらすことになった。

## 毒殺か？ 病死か？ 未だ解けない モーツァルトの死の真相

オーストリアの作曲家でウィーン古典派の巨匠、モーツァルトの死には謎が多い。

一七九一年一二月五日、三五歳の若さで亡くなったモーツァルトの死因は病死。だが、その病名は「粟粒疹熱《ぞくりゅうしんねつ》」をはじめ五つも挙げられていて、ほんとうのところはよくわからない。

だいいち「粟粒疹熱」にしても、現代にはない謎の病気である。そして、遺体は埋葬の翌日に家族の立ち会いもなく急いで埋葬されたものの、すぐに墓地から消えてしまったのだ。

こうしたことから、昔から根強いのが毒殺説。とくにライバルである宮廷楽長サリエリによって毒殺されたとする説は、大ヒット映画『アマデウス』などで取り上げられて有名になった。

そして、もう一つの有名な毒殺説が、フリーメーソンによる暗殺説だ。秘密結社のフリーメーソンでは、音楽が儀式にとって欠かせないものだった。そのため、モーツァルトをはじめ有名な作曲家が積極的に協力。しかも、モーツァルト自身が死の七年前にフリーメーソンに入会していた。

モーツァルトが作曲したオペラ『魔笛《まてき》』が、フリーメーソンと関係があるといわれるのもこのため。この曲には、楽曲全体にフリーメーソン内部の秘儀やシンボルがたくさんちりばめられていて、フリーメーソンの密議参入のオペラといってもいいほどだという。

ところが、フリーメーソンでは秘密を暴《あば》くのはタブー。モーツァルトのこの行為は上層部をひどく刺激した。

そこでフリーメーソンは組織を守るために死刑宣告人を派遣して、モーツァルトを暗殺。彼が死の直前に作った『レクイエム』は、〝灰色の服の男〟が訪れて作曲を依頼したものだといわれているが、その男こそがフリーメーソンのメンバーだったというのである。モーツァルトは死の直前に水銀中毒に特有の症状を示していたともいわれるが、水銀による毒殺はフリーメーソンの密儀の中にある処刑法だという。

このほかにも、『ドン・ジョバンニ』のように、封建社会を否定したり、貴族を否定するような作品を書いたことが、貴族たちの怒りを買って暗殺されたという説。また、ほんとうはやっぱり病死で、直接の死因は病気の治療のために血を抜く瀉血《しゃけつ》によって、大量の血が抜き取られたことにあるとする説などさまざまな説が唱えられている。

病死か、毒殺か。モーツァルトの死は謎だらけ。肝心の遺体が消えてしまって確認できないだけに、これからも論争は続きそうだ。

## 和食器が五枚一組なのは「日本神話」に由来する？

洋食器は六枚一組だが、和食器のセットは、どれも五枚一組になっている。なぜこんな枚数になっているのだろうか。

和食器のセットのほうは、日本神話に由来するといわれている。

『古事記《こじき》』によると、姉の天照大御神《あまてらすおおみかみ》を訪ねた弟の須佐之男命《すさのおのみこと》は、高天原《たかあまのはら》を奪いにきたと疑われたため、それが誤解である証《あかし》として子を生むことにした。

天照大御神と須佐之男命は高天原の川をはさんで向かいあい、まず天照大御神が須佐之男命の剣から三人の女神を生み出した。次いで、須佐之男命が天照大御神の髪飾りから天之忍穂耳命《あめのおしほみみのみこと》など美しい五人の男神を出現させた。

この五人の男神は「天の稲穂《いなほ》」や「太陽」を象徴しており、「天の稲穂」を地上で盛る器という意味から、和食器は五枚一組になったとされている。

それに、日本で昔から「五」が「三」「七」と並んで縁起《えんぎ》のよい数とされ、主人側に二枚、客側に二枚、予備として一枚の計五枚あれば、最低限のもてなしができるともいわれてきたのも、和食器が五枚一組となった理由の一つという。

これに対して洋食器は六枚一組だ。

西洋では、「六」は、東西南北の四方向に、天頂と天底を加えた「聖数」として尊重されてきた。それに、西洋では古くから一二進法がおもに使われてきたので、「六」はそのちょうど半分できりがよい。この二つの理由から、洋食器は六枚一組になったと考えられている。

日本と西洋では食器一セットの枚数は違っても、聖なる数字を食器の数に使うという発想は、共通しているようである。

## 女性を口説き落とすなら五〇センチまで近づいて話すのが有効

ひそかに思いを寄せている女性にバッタリ会ったとき、純情な人ならドギマギしてあまり接近できないかもしれない。図々しいと思われたくないために、適度な距離を保って、話をするという人もあるだろう。

じつは、適度なところまで近づいていかないのは逆効果。自分には興味がないのだろうという思いを抱かせることもあるからだ。

アメリカの心理学者カーンは、距離と好意度のおもしろい実験をしている。一人の男性に対して、五〇センチ離れたところと二～四メートル離れたところに、それぞれ一人ずつ女性を座らせ、話をさせた。すると男性は、五〇センチのところに座って話をした女性のほうに好感をもったという。男女が逆転しても、これは同じ結果となった。

人を説得するときには、五〇センチ離れて熱心に話しかけたほうが、一メートル離れてよりも効果が高いという報告もある。一メートルも離れると、懸命になればなるほど何か奇妙な感じを受けて、誤解を受けやすくなるようだ。

好きな相手を口説《くど》くときには、手を伸ばせば触れられる五〇センチまで近づくのが正解だ。

## 女性がやたら髪の毛に触れるのにはワケがある

「人間なくて七癖《ななくせ》」などといわれるが、女性の癖のなかに多いのが、髪の毛に触れるしぐさである。指で髪をすいてみたり、耳の後ろに何度もかける、襟《えり》の後ろに髪を払うなど、人それぞれだが、じつは、女性が髪の毛に触れるのは、男性にとっては生唾《なまつば》ゴックン。セックスを象徴するしぐさでもある。

女性が男性を前にして髪の毛に触れるのは、身繕《みつくろ》いの動作であり、誘いの信号を意味してもいる。「あなたにきれいに思われたいと、髪の毛を整えているんです」と、無意識に告白しているようなものだ。

昔は、長い緑の黒髪は女性の命とされた。つまり、女性を象徴したものでもあった。その髪をなでつけたり、整えたりするのは、男性に異性を感じさせるものである。仕事中、髪を束ねている女性が、デートのときや、ズバリ男性とベッドインする際に髪を解いてしまうのも、性的に解放されようという心の表われと解釈することができる。

会社で、女性社員が電話しているのを観察してみるといい。髪の毛を整えながら話していたら、相手は恋人か、好意を抱いている男性かも……。

## シェイクスピアの正体、実はフランシス・ベーコン?

『ハムレット』『オセロ』『リア王』『マクベス』の四大悲劇をはじめ、史劇『リチャード三世』『ヘンリー四世』、悲劇『ロミオとジュリエット』『ジュリアス＝シーザー』、喜劇『真夏の夜の夢』『ヴェニスの商人』などの多くの傑作を残したイギリスの劇作家シェイクスピア。だが、これだけ偉大な人物なのに、その正体についてはあまりにも謎が多い。

彼に関する資料はほとんど残っていない。一五六四年四月二三日生まれといわれているものの、実際に残っているのは四月二六日に教会で洗礼を受けたという記録だけ。戯曲《ぎきょく》のほとんどは匿名《とくめい》で出版され、遺族はその版権からなんの利益も得ていない。遺言状でも、作品のことや蔵書のことがひと言も触れられていない。

それどころか、彼の作品の自筆原稿がまったく発見されていないのだ。わずかに署名がいくつか残されているが、それらはひどい悪筆でとても教養のある人物が書いたとは考えられず、なんらかの理由でわざと筆跡をごまかした疑いも浮上している。

こうしたことからささやかれているのが、「シェイクスピアの作品を書いたのは別人ではないか」というウワサ。そして、その正体については劇作家や貴族などさまざまな説があり、複数による執筆説まで登場しているのだ。

そんななかでもっとも有名なのが、シェイクスピアと同時代の文化人であるフランシス・ベーコンではないかというもの。近代科学の父といわれる彼は、一六世紀のイギリス有数の科学者であり、哲学者でもあった。それだけに、シェイクスピア作品を書くのに必要な知識や教養は十分に持っていたと考えられている。また、彼の蔵書のなかには、シェイクスピア作品に登場する逸話《いつわ》や引用句などが、すべて含まれているともいわれている。

現在残っているシェイクスピアの肖像画は、それぞれがあまり似ていない。このこともシェイクスピアをミステリアスにしている理由だが、そのなかで、ドルーシャウト作のシェイクスピア像はベーコンの肖像画とそっくりだという。

このように「シェイクスピア＝フランシス・ベーコン説」を信じる人が多いのだが、その半面、両者の性格があまりにもちがうことなどから、この説を真っ向から否定する人もいる。たとえば、『真夏の夜の夢』や『十二夜』の作者は、気持ちのやさしい人物だと考えられるが、ベーコンにそうした優しさはなかったというのだ。

ほんとうのシェイクスピアの正体についてはいまも不明。それでも、彼の戯曲はいまだに不滅。まさに歴史に残る大傑作なのだ。

## 「降水確率五〇％」は「降る確率が半々」ではない！

降水確率で午後は五〇パーセントとなっている。「そうか、今日の帰りは雨になる確率が半々か」と誰もが考えて、傘を持って外出することがあるだろう。

まず、この降水確率とは、六時間の間に一ミリ以上の降水量があることを意味しており、傘が必要なほど降り続くものではない場合があることを知っておきたい。そして、そんな雨が降る確率が半々というのが五〇パーセントという意味ではないことも知っておいたほうがよいだろう。

気象庁では、このパーセンテージは「気象衛星などから得られた情報で考えて、この状態なら雨と予報を出すが、こうした予報をもし一〇回出したとき、五回は実際に雨が降る」としている。つまりは、雨の降る確率というより、雨という予報の的中する確率と考えればわかりやすい。

だから、降水確率の数値を見て実際に傘を持って出かけるかどうかの判断は、結局は自分で下すしかないといえるかもしれない。

一九六六年にアメリカで始まったこの確率予報、日本では一九八〇（昭和五五）年から行なわれるようになったが、いまだに意味を勘違いしている人が少なくないようだ。

## ボウリングはそもそもヨーロッパの宗教儀式だった

玉を投げるゲームやスポーツはいろいろある。しかしそのほとんどが、玉をどこかへ入れるとか、陣取り合戦が加味されているとか、打ち返すというパターンである。

ところが、玉を投げてあてて倒すという「破壊」だけが目的となるのがボウリングだ。日頃のストレスをボウリングで解消する人もいるだろうが、それは自分の中にたまった鬱《うっ》憤《ぷん》から生まれる「攻撃性」を解消してくれるからなのかもしれない。

こんな本能的なゲームだから、その起源は古い。最古のものは、紀元前五二〇〇年頃のエジプトの古墳から出土した、いまとよく似たボールとピンだ。

エジプトからヨーロッパに伝わったこのゲームは、三～四世紀のドイツで、宗教儀式として扱われるようになる。遠くに立てた棍棒《こんぼう》を悪魔に見立て、玉を転がして倒すことができれば、信仰心が篤《あつ》いとされたのである。

だが、そのおもしろさだけが、儀式とは関係なくヨーロッパ各地へと広まって、さまざまな形でボールを使った棒倒しゲームが生まれた。それをいまのような形式のゲームとして、スタイルやルールを整えたのが、ドイツの宗教改革者マルティン・ルターだとされている。

ピンの数を九本として、ダイヤ形に並べたのが最大の特徴で、現在のテン・ピンズ・ボウリングのもととなったナイン・ピンズは、一六世紀末にこうして生まれた。

これが戸外でのスポーツ感覚だったものに新しい光を投げかけた。徐々に板を敷いたり屋根をつけたりと室内ゲームに発展し、ヨーロッパを席巻《せっけん》するゲームに成長したのである。

一八世紀の作曲家モーツァルトも『九柱戯《きゅうちゅうぎ》』というタイトルの、ボウリングを主題とした曲を残しているから、どれだけ人びとの心をとらえていたゲームかがわかる。

その後、一九世紀にアメリカでピンが一〇本になり、一八六一（文久元《ぶんきゅう》）年には長崎の出島《でじま》にも伝えられていたが、わが国で本格的に人気が出るのは第二次世界大戦後のことである。

## ダーウィンと同時期に進化論を唱えたもう一人の人物

生物のそれぞれの種は神によって個々に創造されたものでなく、簡単な原始生物から進化してきたものであるという進化論は、一八五九年に、ダーウィンが体系づけたことによって広く社会の注目を集めるようになった。そのため、進化論を唱えたのはチャールス・ロバート・ダーウィンだというのが世界の常識になっている。ところが、実はダーウィンと同時期に進化論を唱えたもうひとりの人物がいたのだ。

その人物とはイギリスの博物学者のアルフレッド・ラッセル・ウォーレス。動物地理学に興味を持った彼は、東南アジアにおける独自の野外調査をもとにダーウィンと同じように種の起源と自然選択説に到達する。それは発想のヒントになった観察結果や影響を受けた本までほとんど同じという、まさに偶然の一致だった。しかも、彼はダーウィンの説の一部について、その誤りを指摘するほど鋭い分析をしていた。

彼はさっそくインドネシアのモルッカ諸島にいるダーウィンに自説を書いた論文を送った。そのころ、すでにダーウィンも進化論に到達していたが、それをさらに確かなものにするために、まだ本格的な論文の発表は差し控えていた。そこに自分と同じ説が書かれた論文が届いたのだ。

驚いたダーウィンは、地質学者ライエル、植物学者フッカーらに相談。その結果、ダーウィンの説の要約と、ウォーレスの論文をいっしょに学会に提出することを提案され、ふたり同時に同じ内容の論文が発表された。

こうした経過を見れば、ウォーレスの名まえもダーウィンと同じように有名になって当然だ。だが、そうはならなかった。

なぜかといえば、ウォーレスはダーウィンを心から尊敬。「証拠の膨大な蓄積、圧倒するような議論、そして感嘆すべき論調と精神」において、自分はとても彼にかなわないと感じていた。そのため、強力に自己主張することもなく、ダーウィンに手柄を譲り、進化論を「ダーウィニズム」と呼ぶことを許したのだ。

こうしたケースは学問の世界ではめったにない。すこしでも自分の学説を売り込もうと考えるのが当たり前。ときには不正な方法で他人の業績を奪ってしまう人さえいる。そんななかで、ウォーレスのような人物は貴重な存在といえる。金銭にも淡白で、調査対象の東南アジアの人々に対しても、すこしも偏見《へんけん》をもたなかったという。進化論では知られていなくても、動物の地理的分布を調べ、ウォーレス線にその名を残している。

## ことわざ「豚に真珠」の誰もが知ってる出典とは？

「豚に真珠《しんじゅ》」は、「馬の耳に念仏《ねんぶつ》」や「猫に小判《こばん》」と同義のことわざとして、誰でも知っている。そのため、日本か中国由来のことわざと思われがちだが、じつはルーツは『新約《しんやく》聖書《せいしょ》』にある。「マタイによる福音書《ふくいんしょ》」七章六節に、イエスの言葉として、次のような一文がある。

「神聖なものを犬に与えてはならない。また、真珠を豚に投げてはならない。おそらく彼らはそれを足で踏みつけて、向き直ってあなたがたに噛《か》みついてくるであろう」

豚は日本でもあまりいいイメージのたとえには用いられないが、ユダヤでも古くから豚は汚らわしい動物とされてきた。『旧約聖書《きゅうやくせいしょ》』の「レビ記」で、豚は汚れた動物なので食べてはならない、とされているほどだ。

そこで、豚に真珠を与えても、豚にはそれが高価で貴重なものとはわからず、平気で踏みつけるだろうとしているのである。

豚に真珠を与えるのにたとえて、真珠のように尊い教えを授けても、理解できない相手にその値打ちはわからない、といっているわけだ。

これがヨーロッパのことわざとなり、さらに日本に伝わったのが「豚に真珠」なのである。

最近よく聞くイベリコ豚など、ヨーロッパ人は豚肉をさかんに食べているが、動物としての豚は、やはり聖書の発想を受け継いで、いいイメージでは見られていないようだ。

## 制服を着るとなぜ人は人格が変わるのか

俗にいうコスプレ（コスチューム・プレイ）は今や市民権を得て、コスプレイヤーたちは多くのイベントで欠かせない存在となっている。

コスチュームで人格まで変わるというから驚きだ。

制服で別人のようになるのは、マニアに限ったことではない。たとえば、ふだんは無愛想な人がレストランの職場の制服に着替えると、とたんに明るくにこやかに、感じよく振る舞うようになったりする。これはどうしたことか。どうも制服には、人に自然にその役割に合った振る舞いや言葉づかいをさせる力があるようだ。

もちろん、仕事だから意識的に変えているのだと反論する人もいるだろうが、アメリカで行なわれた実験でも、このことは証明されている。

囚人《しゅうじん》と看守《かんしゅ》に分けた協力者にそれぞれ制服を着てもらい、監獄《かんごく》そっくりの施設で日々の暮らしを再現してみた。囚人は番号で呼ばれ、いつも格子窓《こうしまど》から監視され、トイレもタバコも看守の許可がいるといったぐあい。

すると、制服にサングラス、警棒《けいぼう》、警笛《けいてき》、手錠《てじょう》と鍵で身を固めた看守役たちは、またたくまに攻撃的で支配的になり、囚人をあざけったり、懲罰《ちょうばつ》を加えたりするようになった。

一方、囚人役たちは服従的で無気力になり、二日目には半分の人が抑うつ症状を示すようになった。それがあまりにひどかったので、この実験は二週間の予定が六日目で打ち切られたほどだ。

制服には没個性化現象を起こさせる側面もある。会社や学校では、個性が埋没して集団が管理しやすくなる。着る人にしてみれば、人格を認めてもらえないという反発も起きる。

だが、制服を着ると周囲にとけ込むので、気分が落ち着くという効果もある。

場違いな服装では自意識過剰になることを多くの人が体験済みだろう。サラリーマンがビジネススーツを着ると落ち着くのも、スーツを一種の制服と考えれば納得がいくはずだ。

## 霊柩車と出合うと縁起がいい？ それとも悪い？

葬儀のあと、遺体を火葬場へ運ぶのが霊柩車《れいきゅうしゃ》。かつては宮形のものが一般的だった。

道行く人には、すぐ死者の乗せられていることがわかるわけだが、この葬列に合ったときの人々の反応はさまざまだ。人の死というものが、厳粛に受け止められるべきことなだけに、たとえ赤の他人の葬儀であっても、まったく無関係とは思えない何かを感じてしまう。

お年寄りから聞かされて、だれもが一度くらい試したことがあるのが、

「こぶしを作って、親指は握り込んで隠す」

というものだろう。これは、親指を隠そうと手を堅く握ると人間の「気《き》」が充実すると

考えられていたからだ。死者の霊は荼毘《だび》にふされるまでは、まだそのあたりに漂っており、あの世への道連れを探しているに違いないから、そのスキを与えずに、気を充実させようとしたものだ。

あるいは成仏《じょうぶつ》できない霊が、だれかの体に乗り移ることだってあるかもしれない。親指を握り締めていれば、それも避けられるというわけだ。

一万、ギャンブラーやスポーツ選手などのなかには、霊柩車に出合うといい成績が残せるという者もいる。これは霊柩車に偶然出合うことは稀《まれ》で、本来なら忌《い》むべきことを逆に理解することで、自らを鼓舞《こぶ》してエネルギーにしようとする、一種の縁起《えんぎ》かつぎのようである。

物事を悲観的に受け取るか、楽観的に考えるかによって、霊柩車との出合いは受け止め方が違ってくるようだ。

## 文字のない古代メソポタミアで数を記録した「トークン」とは？

文字が発明される以前にも人々が生活を営んでいたということは、数々の遺跡が教えてくれる事実だ。しかし、集団が大規模になり社会を形成するようになると、農産物が交換されたりするようになる。そして、それらを管理する必要に迫られる。

当然この管理には、ものを数えるということが必要になる。このとき、我々は数字も文字の一種なのだということを再認識する。数字を含めた文字が存在しないとき、人はどのように数を数えていたのだろうか。

そんな疑問を解決するヒントになるのが、古代メソポタミアなどの遺跡から発掘された「トークン」だ。

トークンとは、粘土《ねんど》で丸められた球や円錐《えんすい》、円盤、棒状などの物体である。発掘された当初は、なんの変哲もない粘土の塊《かたまり》のため、破棄されてしまうことも多かったらしい。だが、この粘土の球がいくつも詰められた土製のボウルのような出土品に着目した、フランスの研究者アミエは、ちっぽけな粘土の塊がものを数えるための道具ではないかと考えた。

ボウルの内側をよく観察すると、なかに入れた粘土と符合するへこみがあることから、ものを管理する簿記的な遺物ではないかと推理したのである。そこで、ボウルをブッラ、なかの粘土の塊をトークンと名付けたのだ。

アミエはつぎのような世界を推測した。言葉の存在しない時代でも、交易などでものを運搬する必要があり、その運搬を担う仲介者に不正がないよう、ものの数量分に匹敵する数のトークンをブッラに入れて携帯させた。荷物の受け取り手が不審に思ったら、ブッラを壊して確認すればいい。そのようにして、モノの運搬に確実を期したのだと……。粘土製のトークンは紀元前八〇〇〇年のものがあることが確認されている。

アミエの説に疑問を表明する考古学者もいる。だが、トークンがアミエの考えたように用いられていたとすれば、トークンは文字の発明を促《うなが》した一品ということになる。

## 世界初の輸血は羊の血液で行なわれたってホント！

最初に輸血が行なわれたのは、一六六七年のこととされる。イギリスのオックスフォードに住む内科医のリチャード・ローワーが、二二歳の青年アーサー・コガに輸血をしたという記録がある。

同じ年に、フランスでも医師のジャン・バチスト・ドニーが、一五歳の少年に輸血を行なった。

この二つの輸血は、どちらも成功したのだが、じつは患者に輸血されたのは、どちらも羊の血液だった。つまり、血液型のチェックどころか、動物の血を人間の身体に輸血していたことになる。

当然、激しい拒絶反応が出そうなものなのだが、なぜだか両方の輸血は成功した。イギリスで輸血を受けたコガは、輸血中に発汗があっただけで、その後はすっかり元気になったし、フランスで輸血を受けた人物は、まったく副作用がなかったばかりか、深い昏睡《こんすい》状態から回復するほどの効果が表われた。

ただ、こんな「適当な」輸血が成功したものだから、その後、ヨーロッパでは、若返りのために健康な若者の血液や動物の血液の輸血が頻繁になされるようになる。当然、死亡するケースが続出。

その結果、輸血は危険だとみなされ、一六七八年には、輸血実験禁止の命令が出て、以後一五〇年間は輸血が行なわれなかった。

まさに奇跡としか思えない状態で成功してしまった、人類最初の輸血。現代人は羊の血液が適応することは基本的にありえないことを知っている。

## 「青二才」の語源はいったい何？

若くて未熟な者を「青二才《あおにさい》」と軽んじる。文楽《ぶんらく》や歌舞伎《かぶき》にも、しきりに出てくる言葉だが、いったいどういう由来があるのだろう。

これにはいろいろな説がある。

ボラやスズキのような出世魚の幼魚を江戸時代頃から二才といい、現在はあまり使われていないが、これが「青二才」に残ったというもの。

また、鹿児島方言で、「よかニセ」のように、若者を「ニセ」というが、これが「ニサイ」に転じて「青二才」になったというもの。

それに、中国の「児仔」という、子供らしさを強調する言葉が近世の日本に流入して「ニサイ」となり、その上に「青」をつけて人生経験の乏しさを念押ししたというもの。

さらに、古代日本の「背」が転化《てんか》したという説もある。『万葉集《まんようしゅう》』などで、相思相愛《そうしそうあい》にある者たちを兄と妹にたとえて「妹背《いもせ》」といい、さらには男性一般を「背」と呼んだ。若者だと「新背」である。これに「青」をつけて誰かが「青にせ」といったのが、もととなったというもの。

諸説並べてはみたが、どれが正解なのかは今のところはっきりしていない。どれも一理あるように思えるが……。

## 「ほぞを噛む」の「ほぞ」っていったいどこ？

「しまった、あのとき、ああしておけばよかったのに」と後悔することを、「ほぞを噛《か》む」という。この「ほぞ」は「臍」と書き、へそのこと。

自分で自分のへそを噛もうとしても、とても届かない。そのように自分の力が及ばないことを嘆くたとえだ。中国の『春秋左氏伝《しゅんじゅうさしでん》』にこんな故事がある。春秋時代、鄧《とう》の祁侯《きこう》は、「鄧国を亡ぼす者は必ず此《こ》の人（楚《そ》の文王《ぶんおう》）なり。若し早く図らずは後君臍を噬《か》まん」といさめられたのに、それを聞かず、とうとう楚に侵略され、滅ぼされてしまった。このことから、チャンスを逃がし取り返しがつかなくなったことを悔やむのに、よく用いられる。

これが、「へそを噛む」では、どうも真剣さがかけているように聞こえる。へそとほぞを比べると、ほぞのほうが古い言葉だが、日本ではどちらも同じ頃から使われている。

「ほぞを固める」とは、堅く心を決める、覚悟する、といった意味。これも「へそを固める」では、実感がわかない。

ほぞの語源は明らかではないが、へこんだところ、また逆に突起したところ、という両方の説があるが、はっきりしたことはわからない。

## 「神の食べ物」カカオ豆が高価に取引されたワケ

チョコレートの発祥地は中央アメリカである。紀元前一五〇〇年頃に始まるオルメカ文明の時代からすでに存在していたといわれている。さらにその後のマヤ文明やアステカ文明でも、チョコレートは珍重された。

ただし、ヨーロッパ人が訪れる以前の中米のチョコレートは、砂糖を加えていなかったため甘くはなく、お菓子としてのあつかいでもなかった。チョコレートの原料となるカカオ豆をすりつぶし、水に溶かしたり、香辛料やトウモロコシと混ぜたりして飲んでいたのである。

アステカ人はこの飲み物を「Xocolatl」と呼び、それが「チョコレート」の語源となったと伝えられている。カカオ豆の学名「テオブロマ・カカオ」は「神の食べ物」という意味である。

マヤ文明やアステカ文明では、チョコレートは上層階級が儀式などで飲む貴重品だったので、カカオ豆が貨幣の代わりとしても用いられていた。

カカオ豆は金銀以上の財宝とされ、その価値は時代や地域によっても異なるが、たとえば一五二〇年頃のニカラグアでは、カカオ豆一〇粒でウサギ、一〇〇粒で奴隷が買えたと伝えられている。

スペイン人がアステカ帝国を滅ぼして皇帝の宮殿を占領したとき、そこで見つけたものは莫大な量のカカオ豆だったという逸話もある。

以後、カカオ豆が中米で貨幣としての役割を終えたのは、一九世紀に入ってからだ。

なお、現代のようなお菓子のチョコレートが登場したのは、一九世紀後半からである。

## キリストの顔が浮かぶ「トリノの聖骸布」は本物か？

イタリアのトリノは不思議な街だ。カトリックに反抗する黒魔術が盛んな魔都と呼ばれる一方で、キリスト教ゆかりの遺物が残される敬虔《けいけん》なカトリック信者の街でもあるからだ。

トリノを世界的に有名にしているひとつに、聖ヨハネ大聖堂に保存されている聖骸布《せいがいふ》がある。特別な日しか公開されない長さ四メートルほどの麻布《あさぬの》は、イエス・キリストがゴルゴタの丘で処刑されたあと、その遺体を包んだ埋葬用のリネンだといわれている。確かに布には、キリストらしき人物の人影がうつし出されているように見える。

もし本当にキリストを包んだ布なら、聖骸布はキリスト教信者にとってもっとも貴重な遺産のひとつとなる。だが、四世紀に謎めいた記録がある以外に、この聖骸布の存在は一二世紀まで知られることがなかった。それゆえ、その信憑性《しんぴょうせい》をめぐって、大きな論議を呼んできた。

一九世紀になって写真撮影したところ、はっきりとキリストらしき人影が写っていたことから、本物であるという考え方が大勢を占めていた。

しかし一九八七年、放射性炭素年代を測定したところ、布は中世のものだという結果が出され、聖骸布の真贋《しんがん》論争は振り出しに戻っている。

## 古代ペルシアの「ペルセポリス」は何のために建てられた？

ペルセポリスは、現在のイラン南部に位置するアケメネス朝ペルシア帝国の都である。マケドニアのアレクサンドロス大王率いる遠征軍に焼き払われ、いまでは大きな基壇《きだん》と石柱がわずかに残るばかりだ。

壮麗な都は、紀元前四六〇年に完成するまで八年もの歳月を要している。東西三〇〇メートル、南北四五〇メートルにおよぶ基壇は高さが八～一二メートルもあり、その上に各王の宮殿、宝物庫、ハーレムなどが建てられていた。

だが、ここで市民が暮らした形跡はない。そもそもアケメネス朝には、行政上の首都スーサなど、ほかに四つの都があり、人々はこれらの都で暮らしている。

一方ペルセポリスは、毎年三月の新年の大祭でのみ使われていたようなのだ。各国の使節団が訪れて、謁見《えっけん》の間で王に貢《みつ》ぎ物《もの》を捧げたというから、王の儀式のためだけに造られた都と言うことになる。

古代オリエント世界に覇権《はけん》を唱えたアケメネス朝の絶大な力を偲《しの》ばせる遺跡といえる。

## 中国の長江流域は世界最古の稲作地帯だった！

古代中国文明が発展していった場所というと、どうしても黄河《こうが》文明の源流となった黄河流域の地域をさしがちだ。

しかし、もうひとつの大河、総延長距離六三〇〇キロの長江《ちょうこう》流域にも、新石器時代から見逃すことのできない文明が勃興《ぼっこう》していた。

なかでも、一九七三年に長江下流域で発見された河姆渡《かぼと》遺跡には、熱い視線が注がれることになった。この遺跡から、新石器時代に稲作が行なわれていたと思われる証拠が続出したからだ。

出土した生活用具や道具類のなかには、いずれも稲作に関連していると思われるものが多数含まれていた。灰陶盆《かいとうぼん》と名付けられた鉢の形をした陶器には、たわわに実る稲穂が刻み込まれていた。

さらに、炊飯器と目される土器まで発掘されている。楕円形をしたその土器は、内側三カ所に突起物が出ている。どうやら、その上に米を入れた別の器を引っかけ、下から熱を加えて炊飯したものと推測される。

この地で稲作が行なわれていたことを決定づけたのは、遺跡から稲そのものが出土したことだった。それも一握りの稲ではない。なんと一五〇トンにものぼる大量の稲だ。さっそく放射性炭素測定法で年代測定したところ、七〇〇〇年前の稲であることが判明した。

この時期、黄河周辺の文化圏では、狩猟中心の生活が営まれているとされており、わずかに栗が栽培されていたとされている。

つまり、長江流域の文化は、黄河流域よりも一歩も二歩も先んじていたことを、出土した稲は物語っているのだ。

稲をさらに詳細に分析した結果、他の地域から取り寄せたものではなく、地元で栽培されていたことも明らかになった。原生していた野生種の稲をもとに、稲作を発展させていたようだ。

現在までの研究で稲作の起源はさらに遡り、約一万年前の長江流域の湖南《こなん》省周辺地域付近とされている。ここから稲作は中国全土へ、さらに日本や東南アジア、南アジアへと広がっていったのである。

# 第3章

# いますぐこの目で確かめたくなる！ 不思議雑学

# 象の鼻はなぜあそこまで長いのか

「ゾウの鼻が長いのは、母さんも長いから」などというのは、童謡だけの回答。本当のところ、なぜゾウの鼻は長いのだろうか。

答えは、スムーズに水を飲むため。草食動物なので、いちいちしゃがんだりして水を飲んでいたら、とてもサバイバルできない。

ゾウの属する長鼻目の起源は、化石が見つかっている約四〇〇〇万年前のメリテリウム。ブタ程度の大きさで、鼻の長さもバクくらいだったが、体が大きくなるにつれて、鼻も長くなっていった。

キバが鼻のつけ根から出ているように見えるのは、長い鼻が上唇といっしょになっているためだ。内部に骨はなく、二本の鼻の穴が通っていて、四万本もの筋肉が発達し、三叉《さんさ》神経の一部が伸びている。だからこそ、とても敏感で自由自在に動かすことができる。

ただし、鼻のコントロール能力は生まれつきのものではない。水を吸い上げて口に運んだり、体にかけたり、食べ物を探したり、枝から葉をとったりする巧みな技は、成長とともに身につけた修練のたまものなのだ。

## 目が上についてるヒラメはまっすぐ前へ泳げるの？

ちょっとよそ見しながら歩いていたら、道端の電柱にゴツンと頭をぶつけることも珍しくない話だ。歩くときは前方を見ていないと危ない。しかし、ヒラメの場合、この忠告は通用するのだろうか。なにせ、ヒラメの目は背中側にあり、上の方を向いているのである。

上に向かって泳ぐなら問題のない位置だろうが、これでは前へ泳いでいて、電柱はないだろうが、何かにぶつかったりしないのだろうか？　いや、それ以前に、そもそも前へ向かってまっすぐ泳ぐことができるのだろうか？

じつはヒラメは前方確認も、前へまっすぐに泳ぐこともしっかりできる。

なぜならヒラメの目がかなり出っ張っているからだ。背中側とはいえ、上に出っ張った状態なので、その視野たるや、なんと三六〇度に近いのである。事実、尾に近いところにエサを落とすと、「ん？」といった感じで目をキョロキョロさせる。

ヒラメの泳ぎ方は、ほかの魚とは少し異なり、体を上下に波打たせるようにして泳ぐ。

ヒラメはお腹のヒレが長くて、頭の近くまであり、その長いヒレを波立たせるようにして泳ぐのだ。

この泳ぎ方ゆえに、目は横についているより、背中側に上向きにあったほうが、前方確認はしやすい。

カレイやアンコウも同じような目のつき方をしており、やはりヒラメと同じぐらい視野は広い。今度水族館に行ったら、ぜひ目の位置と泳ぎ方をまじまじと見てみよう。

## シャチホコのモデルは何とイルカだった？

お城の天守閣《てんしゅかく》の屋根に飾られているのが鯱《しゃちほこ》。よく知られているのは名古屋城の金の鯱だが、あの奇妙な魚のような造形は、じつはイルカがモデルだったという説がある。

鯱は、もともとは、屋根の瓦《かわら》の端から雨水が入ってくるのを防ぐ目的で生まれたもの。そして、目立つ場所にあるということで、次第に装飾を施すようになった。これが、中国で晋《しん》代（二〇〇〜三〇〇年代）の頃に登場した「鴟尾《しび》」で、日本の奈良時代から平安時代の寺院や宮殿などにある、尻尾のような形をした飾りである。

この飾りが、背ビレや鱗《うろこ》のある魚のような鯱へと変化したのは、インドの「マカラ」という、魚とも獣ともつかない伝説の怪獣が関係している。

インドには、敵を防ぐ力を持つマカラの模型を、門や入口に飾る習慣があったのだ。このマカラは、じつはワニやイルカがモデルとされる。

これが中国に伝わり、鴟尾と合体して生まれたのが鯱だ。マカラのご利益《りやく》を、鴟尾にも求めようというわけで、鴟尾は魚形化し、鯱が生まれたというわけだ。

一方、ヘレニズム時代のギリシャ彫刻には、奇妙なイルカの像がしばしば登場し、その中には、頭を下にして尾を高くあげた、日本の鯱にそっくりのものもある。

このヘレニズム時代の彫刻が、アレクサンドロス大王の東方遠征や、漢《かん》の武帝《ぶてい》の西方遠征などによる東西文明の交流によって、ギリシャからインドへ、そして中国から日本へ伝わったのではないかとも考えられている。

## 国会図書館にはエロ本も発禁本も所蔵されてるってホント？

原則として、東京の国立国会図書館には、戦後、国内で刊行された本がすべて集められている。一九四八（昭和二三）年の国立国会図書館法により納本制度が定められたからだ。

では、自販機で売られているような「エロ本」は納本されているのだろうか。

国立国会図書館での読書とエロ本というと、どうにもイメージが合わないが、原則としては蔵書されることになっている。エロ本だからといって、納本の受け入れを断ったりはしないし、納められたエロ本を処分するようなこともない。

また、納本しない出版業者には督促状《とくそくじょう》を出すのだが、エロ本の出版元も例外ではない。納本されなければ督促する。

エロ本も基本的に閲覧自由だ。ただ、裁判で違法とされた発禁本も所蔵されているがこちらは閲覧できない。

納本制度は、商品ではなく文化財として納めるという趣旨だが、本の代価はどうなっているのだろうか。

実際には、出版業者が請求すれば、原則として定価の半額が代償金として支払われる。

では、納本しなかった場合はどうなるのだろうか。

国立国会図書館法では、「正当な理由がなく納入しなかったときは、その出版物の小売価格の五倍に相当する金額以下の科料《かりょう》に処する」と定められている。

とはいえ、実際には、納入しない業者に督促状を出し続けているだけで、科料を課した例はないらしい。

## 群れをなす渡り鳥の先頭は「隊長」なのか

Ｖの字で群れをなして北や南に移動していく渡り鳥の編隊には、先導するようなかたちで先頭を飛んでいる一羽がかならずいる。あの一羽はいつも同じ鳥なのだろうか。たとえば空が編隊飛行するときの隊長役のように、群れのリーダーといった存在はいるのか。

渡り鳥の編隊の仕組みはどうなっているのだろう。

渡り鳥は、長い距離を飛ばなければならない。体力の消耗をできるだけ防がなければ、目的地に着く前に離脱してしまう鳥も出てくる。だから、できるだけ体力を温存するために、Ｖ字形に編隊を組んで飛んでいるのだ。

このかたちは、一羽で飛ぶときより一～三割も省エネになるといわれている。ちょうどパシュートで、二番手が先頭ランナーを風よけにするようなものと考えるとよい。

つまり、Ｖ字の先頭にいる鳥は、パシュートの先頭ランナーのように空気抵抗が強くて疲労が激しい。そこで先頭に立って飛ぶ役は自然に交替制になり、互いの体力消耗を補い合う。

その役は、次は誰の番ということはなく、疲れたら先頭を飛んでいた鳥が後ろへ下がり、かわりに誰かが先頭を飛ぶというなりゆき任せのようだ。

したがって、渡り鳥に隊長はいない。渡り鳥の群れは、ふつういくつかの家族が集まったものだが、編隊において個々の鳥がどの位置をとるかはそのつど変わるので、たとえば、いずれかの家族の長である親鳥がかならず先頭を務めるといったこともない。

さらに、編隊を組むのは、集団でいることにより外敵の存在に気付きやすく、万が一のときもすばやく対応できるという本能がそなわっているからだ。

## アクセサリーの一八金、二四金の数字の意味とは？

どんな小さなネックチェーンでも、止め金の部分の小さなタグをよく見ると「K24」などの文字が刻印されている。

これは、ダイヤモンドのカラットとは別だがやはりカラットと読み、その金属に金がどのくらいの割合で含まれているかを表わしている。金の場合、二四分のいくつ入っているかを示すことになっており、K24なら、二四分の二四だから純金ということだ。

一般的なアクセサリーに多いのがK18で、一八金と呼ばれ七五パーセントの金が含まれている。ただし、この場合、残りの二五パーセントにどんな金属が含まれているかで、色も違ってくるし、値段も変わる。

たとえば、イエローゴールドといえば銀と銅が半分ずつ、銀だけならグリーンゴールド、銅だけだとレッドゴールドになる。わりによく見掛けるホワイトゴールドは、ニッケルとパラジウムを混ぜるが、パラジウムの量が多くなるほど値段も高くなってくる。

せっかくだからK24のほうがいいというのもわかるが、実は金はやわらかい金属でキズがつきやすい。ほかの金属が少し混じっているほうが加工もしやすいし、デザインもさまざまに工夫できるから、おしゃれ小物としてなら一八金で十分だ。

## 狛犬は犬ではなくって、本当はライオン！

神社の参道に、守り神のように鎮座《ちんざ》している「狛犬《こまいぬ》」。左右に並んで「あ」と「うん」の形に口を結んでいる。

しかし、日本ではこれを「犬」としているが、本来この像のモデルはライオン（獅子《しし》）だった。

起源は古代オリエントとされ、ライオン像が神聖な動物として神殿や王宮に置かれていたのが、シルクロード経由で中国、日本へと伝来してきたものだ。

ところが像を見たとき、ライオンを知らない日本人は、持ち込まれたのが高麗《こうらい》（朝鮮）からだったので、高麗の犬、高麗犬《こま》、狛犬などと称していったようである。

しかも最初は、宮中の室内に置かれた魔除《まよ》けの置物だったが、江戸時代になってから神社の参道に置かれるものに変わっていったようだ。

いまでは二体を一対として狛犬と呼び、どちらも獅子ということにされているが、かつては神社に向かって右側にいるのが獅子と呼ばれて角がなく、左側に置かれた角のある像が狛犬だったこともあり、まとめて狛犬とするのは間違いではないかという説もある。

ところが、設置する人びとにも混乱があったようで、角のない獅子同士、角のある狛犬同士を並べた神社もあるなど、その不統一具合はいかにもライオンを知らなかった日本人らしい。

何しろ日本人が初めて生きたライオンを見るのは、記録によれば、幕末の一八六六（慶応《けいおう》二）年になってからのことだったのだから。

また、動物像を参道に並べるのは狛犬だけとは限らず、よく知られた稲荷《いなり》神社ではキツネになるし、ほかにオオカミ、ウサギ、ヤマイヌ像を置く神社もある。岩手県の遠野市にはカッパの狛犬像もあるぐらいだ。

ライオンでも、イヌでも、カッパでも、とにかく何かの動物に託して、邪気《じゃき》を払ったり、神聖さを求めるのは、古今東西に共通のようである。

## まばたきしない鳥はドライアイにはならないの？

パソコンをはじめとする電子メディアとコンタクトレンズなどの普及にともない、ドライアイで悩んでいる人が多い。

ドライアイは、長時間の目の酷使《こくし》やコンタクトレンズ装着によって、涙の量が減ったり涙の働きが悪くなったりして起こる。

涙は心の汗だ、などというが、別に悲しかったり感動したりしなくても、まばたきをすることによって涙が出て人間の目を潤わせている。涙は心だけでなく、目の健康のために欠かせないものなのだ。では、まばたきをしないという鳥はドライアイに悩まされないのだろうか。

じつは鳥は、まばたきしないように見えてまばたきをしている。ただ、人間のようなまばたきではなく、もっと薄い瞬膜《しゅんまく》という膜を持っていて、それを閉じることによってまばたきをしているのである。

瞬膜は角膜とまぶたの間にある可動性の膜で、収められている場所や動く方向は鳥の種類によって異なっている。

ほとんどの鳥は目頭から目尻に向かって瞬膜が動くが、目を動かすことがなく首ごと動かすフクロウなどは目頭の上から斜め下方面に向かって瞬膜を動かしている。

## どうしてアリは一本線の行列をつくって歩くのか？

黒澤《くろさわ》明《あきら》監督の晩年の作品『八月の狂詩曲《ラプソディー》』のなかで、アリが一列になってバラの木を登っていく印象的なシーンがある。

これは自然の状態を撮影したのではなく、意図的に演出されて撮影された。それは「アリが行列をつくる」という習性を研究しつくした一人の応用生物学者の、涙ぐましいまでの協力があってのことだ。

その人物、山岡亮平氏がみずから記した奮闘記によれば、アリの出すフェロモンが大いに活躍している。

ミツバチにしても同じことだが、集団社会を形成する昆虫は、体内からさまざまなフェロモンを出してコミュニケーションの手段にする。

一般的な性ホルモンはもちろん、エサ収集に欠かせないのが、アリの場合、尾節腺《びせつせん》から出る「道しるべフェロモン」だ。

同じ集団のアリたちだけにわかるように、そのフェロモンを地面にまきちらして歩くから、仲間はちょうど線描きされたような一本線のうえをたどって、獲物のところへたどり着ける仕組みだ。

しかも、ただ道しるべフェロモンだけを出しても、すぐに地面に吸収されてしまうから、まず地面をコーティングするような物質を出し、そのうえにフェロモンで線が引かれるという細かい芸当をやってのけるのだそうだ。

その結果、ときどき庭で私たちが見かけるような、黒い点線もどきのアリの行列ができ上がる。

## 中味がいっしょのラムネとサイダー、その違いは？

暑い夏の日、ラムネやサイダーといった昔ながらの飲み物がほしくなるときがあるだろう。どちらも炭酸で無色透明。ラッパ飲みすれば瓶の中で泡がプクプクと踊るのも清涼感を誘う。このときは瓶の形でラムネかサイダーかがわかるが、グラスに注がれてしまうと、どちらかわからなくなる。

それもやむをえないことで、どちらも甘味料、酸味料に香料を混ぜたシロップを炭酸水で割った飲み物だ。異なるのは瓶の形だけである。

もちろん、メーカーによって酸味と甘味の割合が違っていたり、香料に差はある。そうとはいえ、ラムネの語源は英語のレモネードから、サイダーの語源はフランス語のシードル（りんご酒）の英語なまりという違いでしかない。

ただ、ラムネとサイダーでは瓶の形が違うだけに、ボトリング法が異なる。

ラムネは、ビー玉の沈んだ瓶に先にシロップを入れておき、炭酸水を注いでいっぱいになったところで上下をひっくり返す。ビー玉が瓶口に落ち、炭酸ガスの圧力で口ゴムに押しつけられて蓋《ふた》となる。

サイダーは、あらかじめシロップと炭酸水を混ぜたものをゆっくり充填《じゅうてん》して、いっぱいになったところで王冠の蓋をする。

明治の半ば、外国製の瓶を使っていた日本が、独自にラムネ瓶を製造できるようになって、ラムネが広まった。そこへ新しく考案された王冠栓の瓶が登場して、こちらのほうがおしゃれだということで大人の飲み物となった。

## コーラの原材料に記載されていない「コーラナッツ」って何だ？

清涼飲料の「コーラ」の名は、アフリカ西部原産の「コーラ」という樹木の種子に由来している。このコーラナッツは、ピーナッツやアーモンドに似ているが、カフェインやテオブロミンなどを含んでいる。カフェインの量は二〜二・五パーセントで、コーヒー豆の倍近くにのぼる。

カフェインはコーヒーのほか、緑茶や健康ドリンクにも含まれている物質で、興奮・覚醒効果がある。そのためか、原産地の人びとは、古くからこのコーラナッツを興奮剤として用いてきた。

一九世紀末、このコーラナッツを原料にした飲料が、薬用の目的で開発された。消化をよくする働きがあったので、胃腸薬のように飲まれたのだ。

コーラの原料のはずのコーラナッツだが、コーラのボトルや缶の原料表示には「糖類（果糖ぶどう糖液糖、砂糖）、カラメル色素、酸味料、香料、カフェイン」などとなっていて、「コーラナッツ」の名は見あたらない。

じつは、炭酸飲料となったコーラでは、コーラナッツが香料の原料の一つとなっている。原料表示では、「香料」の中に含まれるので、「コーラナッツ」として表示はされていないのだ。コーラの香料としては、コーラナッツのほか、バニラビーンズなども配合されているが、そのブレンド方法は各社の企業秘密になっている。

## 背広のえりにボタン穴があいているのは何のため？

サラリーマンのみなさん、どうか背広の襟にご注目を。左側に穴がついているが、これって、いったい何の穴？

実はこれも、れっきとしたボタン穴。昔は、反対側のえりにボタンもついていて、このボタンをかけて詰めえりのようにして着ていた。

だが、このボタン穴は別の用途にも用いられた。

一九世紀のイギリスで、フォーマルな会合やパーティーに出席する時に、ここに花をさして飾った。いわばダンディな紳士たちのおしゃれの道具だったのだ。そのため、この穴には「フラワーホール」という優雅で美しい名前がつけられている。

最近は、この穴に会社のバッジをつける人が多い。国会議員も議員バッジをつけている。

たしかに、バッジをつけるには好都合の穴だが、たまには花でも飾っておしゃれをしてみてはいかが!?

## 自販機のコイン投入口に「縦」と「横」があるのはどうして？

自販機の硬貨の投入口は、縦と横があるのに気づいたことがあるだろう。ジュースなどの自販機では横向きなのに、駅の券売機では硬貨を縦に入れるようになっている。

この違いには何か理由があるのだろうか。

硬貨を横に入れる場合と縦に入れる場合の落ち方を比べると、縦に入れたほうが転がりながら入るので、横に入れるより識別装置に到達するまでの時間が短い。券売機では混雑して行列ができやすいので、早く処理できるよう、縦型の投入口を採用しているのだ。

では、それならジュースなどの自販機では、なぜ硬貨の識別に多少とはいえ時間のかかる横向きをわざわざ採用しているのか。

硬貨を縦に投入するタイプの自販機では、硬貨が坂道をすべりながら斜めに落ちていくため、識別装置が大型になってしまう。

切符は小さいのでそれでも困らないが、ジュースなどの自販機では、できるだけ多くの商品を入れるために、識別装置を小さくしたい。冷却装置や保温装置も内蔵しなければならない。

その点、硬貨を横向きに入れれば識別装置をかなり小さくできるので、硬貨を識別する速さよりも商品がたくさん入るほうを優先し、横向きの投入口にしているというわけだ。

## カップ麺のでき上がり時間が三分に設定されたナットクの理由

今や、インスタントラーメンにお湯をかけてから食べられるまでの時間は三分で定着している。最初にカップ入り麺を売り出した日清食品のカップヌードルが、この時間を設定したため、後発の製品もほとんどこの時間に合わせることになったようだ。

では、これだけ技術が進んでいるのに、三分間も待たずに一分で食べられる商品が開発されてもよさそうだが、登場しないのはなぜだろうか。

蒸したり揚げたりしてある乾麺には、どうしても三分の浸水が必要なのだろうか。技術開発がそこまで進んでいないのだろうか。

じつは、技術的には可能のようだ。実際に一分で食べられるカップ麺が売り出されたこともあったという。それが三分に戻って各社が統一したのは、人間の心理に基づく深い計算があったからである。

ちょっと小腹がすいたから、などとカップ麺を取り出してお湯を注ぎ、いざ食べるというときまで、「食べたい」という欲求がしだいに高まってくる。その期待感が三分でちょうどピークに達するのだそうだ。

一分だと短すぎて、期待感が高まりきらないうちに食べるため、うまさを十分に感じ取れない。また五分以上待たされるとイライラが募《つの》ってしまう。その中間の三分が、まさにインスタント麺の食べ頃になる時間とちょうどマッチしたのである。

ただ、カップヌードルの先行商品であるチキンラーメンは、最初「二～三分」と表示した時代もあったという。麺の硬軟には個人の好みもあり、二分でもおいしく食べられたからだ。しかしカップヌードルの影響もあり、現在チキンラーメンは袋入りも三分にそろえられている。

## ヘビはいったいどこがしっぽのはじまりなのか？

ガラガラヘビの名前の由来は、しっぽを振るとガラガラという音が鳴るからなどといわれる。しかし、あのただのヒモみたいな長い体の、どこからがしっぽなのだろうか？

最もかんたんな確認方法は、ヘビを裏返してみることだ。

ヘビのお腹の部分には、糞《ふん》、尿《にょう》、交尾のための穴である「総排出腔《そうはいしゅっこう》」があり、ここが胴と尾の分かれ目と考えられている。

このあたりは、肛板《こうばん》という半月形の鱗《うろこ》で覆《おお》われていて、そこから頭側に向かっては、横に長い一枚ずつがはっきりした鱗の腹板に覆われる。この部分が、いわば胴体というわけだ。

そして肛板からうしろは、中央でふたつに分かれた皮下板《ひかばん》と呼ばれる鱗に覆われ、ここの部分がしっぽにあたる。一部の原始的な種のなかには、この肛板の左右両側あたりに、後肢の退化した痕跡の、爪状の突起が見られるものもある。

つまり、総排出腔でしっぽと胴体の境目がわかると同時に、鱗のかたちでも判断がつくということ。しかし素人には、生きているヘビを捕まえてひっくり返してお腹を見るなんて芸当はとてもできない。そこで、触らずに済む方法がある。

種類にもよるが、目測で全長の五分の一ほどが尾と考えていいだろう。長くても三分の一、短いと一〇分の一くらいで、ヘビは胴長なのた。

## 古くなったクモの巣をクモはどうやって処分してる？

「クモの巣が張ったような」と形容されるのは、古くなったり人が住んでいない家の場合だが、じつは、そのクモの巣（円網）は、かならずしも古いわけではなく、毎日毎日張り替えられている。

日本に生息する一三〇〇〜一四〇〇種類のクモのうち、ジョロウグモのように、張りっぱなしの巣を補修しながら使うほうが珍しく、大部分が張り替えをしている。

クモは獲物を捕らえるために巣を張っているのだから、ベタベタする粘着力が必要だ。その粘着力は一晩で三分の一くらいに落ちるため張り続けていれば、当然捕獲の役に立たなくなるからだ。

それでは古くなったクモの巣はどうなるのだろうか。

その答えは、ほとんどのクモが巣をたたむときは糸を食べてしまう。まず、おもな糸を噛み切って足で巻き取り、丸めてから食べる。クモの糸の成分はアミノ酸だ。それを食べてしまい、また新しいクモの巣の原料にするわけだ。

実験によると、食べた糸のうち、新しい糸になるのは九五パーセントにもなるといい、みごとなリサイクル率である。しかも、新しい糸に生まれ変わるまでの時間も三〇分ほどだ。

また、オニグモは関東と関西では行動パターンが違う。関西地方に生息するオニグモは、前夜に張った巣を翌朝には食べてしまい、夕方に新しく巣を張るが、関東地方に生息するオニグモは夕方に前日に張った巣をたたみ、すぐに巣を張り替えて夜の間に昆虫がひっかかるのを待つ。

こんな早業ができるのも、リサイクルの早さゆえのことだ。

# 「君が代」の歌詞には二番があるってホント？

大相撲の千秋楽《せんしゅうらく》などで歌われる「君が代」は、明治の中頃に文部省告示として祝日や式典のときの唱歌として制定された。そのまま日本の国歌のようなあつかいを受け、一九九九（平成一一）年になって国旗・国歌法が制定され、国歌となった。

この歌詞のもとになったのは、明治の初め頃に国歌制定を担当した一人・大山巌《おおやまいわお》が愛唱していた薩摩琵琶《さつまびわ》「蓬莱山《ほうらいさん》」の中の「君が代は千代《ちよ》に八千代に……」という一節だった。同じ歌が和歌集の『古今和歌集《こきんわかしゅう》』などにも「読み人知らず」としてあり、これを歌詞としたのである。

この「君が代」はずいぶん短い歌だが、じつは、今日歌われているのは、当初の歌詞の一番の途中までだ。明治の初めに作られたときには、一番はもう少し長く、文部省音楽取調掛編の『小学唱歌集』初編（一八八一（明治一四）年発行）によると、「君が代は　ちよにやちよに　さざれいしの　巌となりて　こけのむすまで　うごきなく　常磐《ときわ》かきはにかぎりもあらじ」となっている。

作曲は、来日していたイギリス軍楽隊長のフェントン。一八七〇（明治三）年に初演されたが、軍部や軍楽隊長から「威厳に乏しい」という意見が出て、一八八〇（明治一三）年、宮内省楽長の林広守《はやしひろもり》が作曲しなおした。これが今日歌われている「君が代」である。

始めは二番まで歌われていたが、一番の途中までしか歌われなくなったのは、一八九七（明治三〇）年頃だろうといわれている。

さらに「君が代は」二番まであって、その歌詞は、一八八一（明治一四）年に発行された『小学校唱歌集』によると、「君が代は　千尋《ちひろ》の底の　さざれいしの　鵜のゐる磯とあらはる丶まで　かぎりなき　みよの栄《さかえ》を　ほぎたてまつる」となっている。

## イルカもクジラも同じ仲間、その違いは実は大きさだけ？

イルカもクジラも海中に生息する動物である。魚類ではなく哺乳類《ほにゅうるい》だというのは知っている人も多いだろうが、学術上も同じグループに分類される。

両者はクジラとイルカという分類ではなく、どちらも哺乳類クジラ目という同一グループに属している。このグループには七十数種もの仲間がいる。

一般的にクジラの名を持つものはヒゲクジラ亜目《あもく》だ。イルカはハクジラ亜目で、ネズミイルカ、マイルカ、カワイルカなどの種がある。

亜目分類の理由は、一方のグループが、口の中にあるヒゲ板と呼ばれる器官を使ってプランクトンや小魚といった小さなものを漉《こ》すようにして食べるのに対し、もう片方は歯を持っていてイワシやアジ、イカなどの少し大きめのものを餌にするからだ。

そして、実際に体の大きいヒゲ板組にはクジラの名がついており、シロナガスクジラなどの種がいる。

歯を持つほうには小型種が多く、イルカと呼ばれるものがこちらに属する。

つまり、クジラとイルカの違いは、体のサイズの差によって呼び分けられることになったということである。おおよそ、体長四〜六メートルあたりがクジラとイルカの境目となる目安とされる。

ただ、マッコウクジラは、体長一八メートルにも達することがあるものの、歯を持っているためハクジラ亜目に属する。だから、体のサイズだけが分類の決め手とは完全にはいえない。

結局、学術上の用語がクジラだから、「イルカとは、クジラ目の動物の中で歯を持っている種の体長四〜六メートル以下の小型の種」ということになるだろう。

# ガラスが骨になるっていったいどういうこと？

骨折をしたときは、折れた骨を金属の棒で合わせ、ギブスで固定しておけば、やがて繋がっていく。しかし、これはあくまで単純な骨折での話。複雑骨折などの治療法としては使えないし、骨に病気が出て、その部分を取り除いた場合などはこの限りではない。

そんなときに利用されているのが、ガラスである。一九七〇年頃にアメリカで、人の骨の欠損部に入れておくと自然に強く結合するガラスが発見された。これをきっかけに研究・開発が進んだ。骨と一体になるガラスは「生体活性セラミックス」と呼ばれて、より強い生体活性を持つガラスであった。

現在では、アパタイトという物質を使った結晶化ガラスも発明され、脊椎《せきつい》や椎間板《ついかんばん》などの代替などに使用されている。結晶化ガラスで作られた人工骨は、自然の骨よりも強度があるすぐれものだ。また、結晶化ガラスほど強度がないガラス製人工骨は、耳や顎《あご》の骨の修復などに使われている。

ガラスの人工骨が実用化されるまでは、高強度のポリエチレンや金属チタンなどが使われていたが、骨と直接結合しないため、ネジで止めるか、かすがいで固定しなければならなかった。しかし、ネジやかすがいでは、年月が経つとゆるんでくるため、再度の手術が必要であった。ガラスの人工骨ならそれらの問題は一挙に解決する。

骨と自然にくっつくガラスの功績はあまりに大きく、現在では液晶化ガラスの人工骨は、五万人以上の患者に移植され、その人の骨となって支えている。

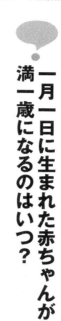

## 一月一日に生まれた赤ちゃんが満一歳になるのはいつ？

一月一日に生まれた赤ちゃんは、いつ満一歳になるだろうか。

翌年の一月一日……と思うところだが、法律上は違っている。まず、「年齢計算に関する法律」では、第一項で、「年齢ハ出生ノ日ヨリ之ヲ起算ス」と決められている。生まれた日を第一日目として、年齢を計算するのである。これを初日算入という。また、「民法」一四三条では、年齢計算について、「起算日ニ応答スル日ノ前日ヲ以《もっ》テ満了ス」とある。

つまり、誕生日の前日でその年齢が終わり、二四時に一つ年をとることになる。

一月一日に生まれた赤ちゃんなら、その年の大晦日《おおみそか》、除夜《じょや》の鐘《かね》とともに満一歳になる。

二月二九日生まれの人は四年に一回しか「起算日ニ応答スル日」がないが、毎年二月二八日二四時が年齢の変わる瞬間である。

誕生日の前日の二四時は誕生日の零時《れいじ》と同じだから、通常はどちらでも同じようなものだが、四月一日生まれの子どもが小学校に入学するときだけはややこしい。一般には誕生日が三月三一日まで早生まれで、四月一日から遅生まれと思われがちだが、この年齢計算の法律と学校教育法により、四月一日生まれは早生まれとなるのだ。

学校教育法では、就学開始の時期を「満六歳に達した日の翌日以後における最初の学年の初めから」学校に通うと定めている。四月一日生まれだと、その前日の三月三一日に満六歳となる。「学年の初め」は四月一日なので、四月一日生まれの子どもはすでに六歳となり、その日に小学校に入学することとなる。つまりは一～三月生まれの子どもと同じく、早生まれになるのである。

なお、年齢以外の期間を計算する場合は、初日算入をしないのが原則。あくまでも年齢計算のみが例外のあつかいである。

## 神楽坂の一方通行は、とある政治家のためにできた？

東京都新宿区にある神楽坂《かぐらざか》は、江戸時代の情緒《じょうちょ》の残る粋《いき》な街である。地下鉄飯田橋《いいだばし》駅前から坂を上る神楽坂通りは、現在は商店街になっている。

この通りは、休日の午後は歩行者天国になるが、平日は車が往来できる道路になっており、早稲田通りへとつづいている。

さて、この通りを車で走る場合、走り慣れていないドライバーは、誰もが不安を感じる。何しろ、地図を見ると、一方通行を示す矢印が両方向を向いて描かれているのである。

一体どっちからどっちに走ると交通違反になるのか。じつは、この通りは、午前中（午前〇時～正午）は東行き（下り）の一方通行で、午後（正午～午前〇時）は西行き（上り）の一方通行になるという、全国でも珍しい「逆転式一方通行」なのだ。

何かと混乱するのは必至なのに、なぜこのようなややこしい規制となっているのだろう。

その理由は、田中角栄《たなかかくえい》元総理大臣にあると噂されている。

一九七二（昭和四七）年七月五日に総理大臣になった田中角栄は、戦後日本外交の歴史的大転換をめざして日中国交正常化を成し遂げたり、福祉国家の基礎固めを行なうなど、功績の大きかった人物である。その反面、ロッキード事件（一九七六年）においては受託《じゅたく》収賄《しゅうわい》容疑で起訴されるなど、負の面もあった。

そんな田中が、総理大臣時代に自宅のある目白《めじろ》から永田町《ながたちょう》へと通うときに通ったのが神楽坂あたりで、ここは当時から渋滞の多い場所だった。

そこで、抜け道として使う神楽坂を、田中の出勤時間には永田町方面（東行き）に向かって一方通行とし、帰る時間には逆方向から通れるようにしたのではないかというのが、神楽坂界隈《かいわい》での都市伝説として存在している。

## オスが子どもを産む タツノオトシゴの出産の謎

タツノオトシゴというのは、その体型から「竜の子」と名づけられた。いわば架空の動物の「落とし子」、要するにご落胤《らくいん》だ。

名前の由来はともかく、タツノオトシゴは、オスが子どもを産む。

オスが妊婦のようにせり出した腹部から、親そっくりの稚魚《ちぎょ》が次々に出てくるのがその出産風景だ。ここにオス出産の謎がある。

そう、タツノオトシゴはヨウジウオなどと同じく硬骨魚類だから、本来の出産は産卵だ。これは、メスがオスの腹に卵を産みつけた結果の出産なのである。

タツノオトシゴのオスは、成熟してくると、ホルモンの働きで育児嚢《いくじのう》が腹部にできる。

産卵期を迎えたメスはオスとまるで交尾のような形で尾をからませながら、この育児嚢に卵を流し込むように産みつける。

長いときは二時間くらいかけて、たまに、からみついた体をほどいて休んだりもしながら、四〇～五〇個の卵がオスの育児嚢に移るとメスの仕事は終了し、後はどこかへと去っていく。これも、動物の交尾のオスとメスが逆転したような行動である。

オスの育児嚢は、この時期には海綿状《かいめんじょう》になっていて卵をしっかり受け止め、およそ一〇日間をかけて卵を孵化《ふか》させる。

やがてオスは腹部を岩などにこすりつけながら押し出すようにして子を産んでいく。一度に二～三匹ずつだから、産卵した稚魚をすべて産もうとすれば、オスも体力の限界を迎えてしまい、出産のために死ぬこともあるといわれているほどだ。

## 相撲の土俵づくりになぜビール瓶が欠かせないのか？

相撲の力士が上がる土俵は、頑丈にできている。

何しろ、あれほど大きくて重い力士らが大暴れするのだから、やわにできていたら、あっという間に壊れてしまうからだ。

それだけに、さまざまなものを使って土俵を作っていると思えるが、実際に土俵に使われているのは土だけである。

きめが細かく粘土質の強い土が土俵に向いているが、東京の場合は、東京都荒川区荒木田原（現町屋）の荒川沿岸にあった荒木田《あらきだ》という壁土が最良とされていた。最近では、東京近郊の開発が進んだために、両国国技館の土俵には千葉県我孫子《あびこ》市周辺の土が使用されている。土台に使われる土は一〇トントラック四台分で、表面だけでも一台分の土が使われている。

土俵作りで重要なのは、その固さである。土俵は四股《しこ》を踏んでも足跡がつかない固さと決められていて、柔らかすぎると足の指が土の中にめり込んだりして怪我をするし、固すぎても怪我のもとになる。

そこで活躍するのがビール瓶だ。「タコ」や「タタキ」と呼ばれる道具で固めた土俵の上を、仕上げとしてビールの空き瓶で表面を叩いたり、転がしたりする。

俵を作るときも、ビール瓶で俵を叩いて形を整えたり、網目がしっかりと食い込むようにするなど、ビール瓶は土俵作りになくてはならない存在といえる。

## 牧場の牛の胃袋に磁石が入ってるって本当？

畜産農家が牛を飼育するときのいちばんの悩みが、誤飲による牛の事故だった。

牛はいったん口に入れたものを吐き出すという行為が苦手だ。口に入れて「アレッ、牧草とは違う」と思うと、口から出さずに慌てて飲み込んでしまうのである。

おまけに鉄錆《てつさび》が好きで、古い鉄をなめたがる習性もある。その結果、錆びた釘《くぎ》を飲み込んでしまうことがあった。柵《さく》に打ちつけてあった釘が、木材がもろくなって抜け落ちているなどというのは、牧場ではありがちなことだ。

さらに四つある牛の胃のうち、二番目の胃は食べた飼料をつねに攪拌《かくはん》している。釘を誤って飲み込んだ場合、胃でかき回されるうち胃壁に刺さる。これが畜産農家の悩みだったのだ。

それを解決したのが、牛の第一胃袋の底に磁石を入れておくこと。すると、古釘などは皆この磁石に吸いつけられて固まってくれるから、第二胃袋が攪拌しても胃壁は傷つかない。

では、鉄クズや古釘をくっつけた磁石はどうなるかというと、一定期間ごとに、さらに磁力の強い磁石を牛の胃に入れて取り出し、新しいものと交換している。磁石の出し入れには、特殊なパイプを牛の胃に挿入して行なう。

牛の胃袋におさまっている磁石は、体に害のないよう、薬品会社がアルニコ磁石を使って製造している。

## 黒っぽい雨雲と白っぽい雨雲、どこがどう違う?

雨雲には、「一天《いってん》にわかにかき曇り……」と形容するのがぴったりの黒っぽい雨雲もあれば、白っぽい雨雲もある。

黒っぽい雨雲のときは、すごい勢いのどしゃ降りになったかと思うと、短い時間で雨がやむ。夕立などはこのタイプだ。これに対して、白っぽい雲のときは、シトシトと長時間にわたって降りつづけることが多い。

この黒っぽい雲と白っぽい雲は、いったいどこが違うのだろうか?

雲の色というのは、じつは雲そのものの色ではない。雲は細かい水滴や水の粒が集まってできているから、本来は無色透明だが、太陽の光の反射具合によって、白っぽく見えたり、黒っぽく見えたりする。

まず白っぽい雲だが、これは厚さが薄いので太陽の光が雲の下まで届き、乱反射して白く見える。このような雲では、上昇気流があまり強くないので、水滴は少し大きくなると落下する。そのため、弱い雨がシトシト長く降りつづくのだ。

これに対して黒っぽい雲は、積乱雲（入道雲）などの分厚い雲。その厚みのために、太陽の光は上のほうで乱反射して底まで届かないため、地上からは黒っぽく見える。

このような雲では、上昇気流が激しいため水滴はなかなか落ちてこない。長時間、雲の上層部にとどまって大きく成長し、それが上昇気流が弱まったときなどに一気に落下するので、どしゃ降りになるのである。

## 国道につけられた番号はできた順番ではない？

日本中の国道には必ず○○号と番号がついている。東海道が国道一号で、山陽道が二号、鹿児島街道が三号である。ほかにも、一桁《けた》のものから三桁のものまである。

こうした番号は、国道ができた順番のようにも思えるが、じつは国道に番号がつけられたのは昭和二〇年代のこと。その際、国に重要な路線と認められた国道に一桁と二桁の番号をつけ、東京を中心として放射状に一号から順次番号がつけられた。また、それ以外の国道は二級国道とし、北から順番に三桁の番号をつけた。

つまり、できた順番ではなく、すでに存在していた国道をランク分けし、番号をふったというわけだ。

こうした国道の区別は一九六五（昭和四〇）年に廃止されたが、国道のランク分けという発想はいまだに残っており、実際のところ、国道は現在五〇七号まであるが、一桁二桁の国道は五八号までしかない。重要な道路と認められたのが五八線しかないためだ。

一級、二級の区別がなくなってからも、二桁の番号は、よほど大きな国道でない限りつけられることはないが、もとは三桁の国道だったものが、格上げされて二桁になった場合はある。

つまり、新しく国道が作られた場合、その国道の番号が二桁なのか三桁なのかで、その国道のランクがおのずとわかるというわけである。

ただし、三桁の国道も、一〇九～一一一、二一四～二一六の四八路線が欠番となっているが、これは統廃合によって欠番になっただけのことで、ランク付けとは関係がない。

## 「模造紙」はいったい何をマネして作ったのか？

印刷物や包装に使われる上質な紙に模造紙《もぞうし》という紙がある。見たところ真っ白で何の変哲もないが、「模造」というからには何かを真似ていそうだ。模造紙はいったい何を真似しているのだろうか。

じつは日本の紙を真似てヨーロッパでつくった紙が、日本に逆輸入されたのが模造紙なのである。一八七八年のパリ万博に出品した日本の大蔵省印刷局特製のミツマタを原料とした局紙という紙は、紙肌が滑らかで紙の腰が強く、緻密な印刷が可能と、大変評判がよかったが、価格が高すぎた。それで、ヨーロッパでは亜硫酸パルプを原料にして局紙に似せた紙をつくったのである。

つまり、日本が模造したのではなく、もともと日本でつくられたものなのだ。

オーストリアの製紙会社が模造した紙は、「ジャパン・シミリ」という名で日本にも入って来たが、一九一三（大正三）年、さらにそれを九州製紙会社が模造して、スーパーキャレンダーで光沢をつけた模造紙をつくった。

つまり、日本の局紙をヨーロッパで真似、それをまた真似したのが模造紙である。

ということは、もしかしたら〝模造〟ではなく〝逆輸入〟紙というべきかもしれない。

## トカゲのしっぽはなぜ切ってもすぐ生えてくるのだろう？

トカゲのしっぽ切りというと、政治やビジネスの世界では、どうでもいいような下っぱに責任をとらせて、本当の親玉はのうのうと生き延びることをいう。

まさにトカゲのしっぽは、切ったところでどうということはなく、また生えてくるのだ。

このトカゲのしっぽ、植物を切っても根さえあればまた伸びてくるのと同じような構造で、組織が再生する。

トカゲ自身もそれを知っているから、人間をはじめとする敵に襲われてしっぽをつかまえられたら、自分で関節からちぎるようにして逃げ出す。ちぎれた切り口から出血しないのは、関節の間の筋肉がすばやく固まるからで、その切り口には、再生芽《さいせいが》という細胞がある。

この細胞が切り口から増殖し、もとの組織をつくり上げるが、できるのは筋肉や器官だけで、関節から先の失った骨は再生しない。

つまり、新しい尾にあるのは軟骨だけということになる。

## サメにおちんちんが二つあるなるほどの事情

サメは、哺乳類と同じように、オスとメスが交尾を行ない、オスの精子がメスの子宮へ送られることで妊娠する。ほかの魚のように卵を大量に産み落とすのではなく、サメは少数精鋭の出産法なのだ。

ただ、人間と違うのは、サメにはおちんちんが二つあり、メスの場合も子宮が二つあること。サメのおちんちんが二つあるのは、サメのおちんちんの起源が腹びれだからで、腹びれは左右に一つずつあり、これがサメの成長とともに発達して性器となる。だから、当然、おちんちんも二つ出来上がるというわけだ。

とはいえ、一度の交尾で使うのは、基本的には一つのおちんちんだけなので、一つは退化してもよさそうだ。それでもきちんと残っているのは、できるだけ多くの子どもを育て、子孫を増やそうという本能からだろうし、子宮が二つあるのも、子孫を繁栄させるために進化したのだと考えられている。

では、サメはどのような交尾を行なうのかというと、サメのオスは、気にいったメスを見つけると、突然背後から襲いかかり、メスのひれや体に噛《か》みついて、強引におちんちんを挿入《そうにゅう》する。

その噛みつき方も半端ではない。交尾が終った後のメスの体には、オスの歯によってできた傷がくっきりと残り、出血もある。当然メスは痛いから暴れるが、オスはがっちりとメスを押さえこみ、ことが終るまでは離さない。逆にメスのほうが強いと、オスを振りほどいて叩き殺してしまうこともあるというからすさまじい。

これがサメのごく普通の交尾である。海のギャングのセックスは、まさに命がけなのだ。

## 悲しい、苦しい、悔しい、うれしい…涙の種類で実は味が違う？

悲しいときや苦しいとき、悔《くや》しいときや感動したときなどに、頬を伝う涙。でも、涙は何も特別なときにだけ分泌《ぶんぴつ》されているのではない。普段もつねに涙腺《るいせん》から分泌され、目に入ったゴミを洗い流したりして、目を守ってくれている。

涙の成分は九八パーセントが水で、残りの二パーセントがタンパク質や脂質《ししつ》、塩化物である。

タンパク質の中のリゾチームという成分は細菌を溶かす働きがあるし、脂質は涙の乾燥を防ぎ、目の潤いを保ってくれている。そして、涙が塩辛く感じるのは、塩化物が含まれていることによる。

つまり、基本的には涙に含まれている物質は、涙を流す理由が何であれ同じなのだが、じつは涙は、その理由によって味が違っているのである。

そもそも嬉しいときや悲しいときなど、感情の高まりによって涙が流れるのは、自律神経が涙腺を刺激するからだ。

自律神経というのは、意識しなくても自動的に働く神経で、拍動を促進する交感神経と、拍動を抑制する副交感神経の二つの種類がある。

この二つの自律神経のうち、嬉しいときや悔しいとき、怒りなどを感じたときに刺激されるのは交感神経で、悲しみを感じたときに刺激されるのは副交感神経だ。映画やドラマを見たり小説を読んだりして感動したときに刺激されて涙が流れるのも、副交感神経が刺激されるからである。

どちらの涙も自律神経が刺激されて流れることにかわりはないが、交感神経が刺激されたのか、副交感神経が刺激されたのかによって、流れる涙の量や味が違ってくる。嬉しいときや怒りを感じたときの交感神経が刺激された場合の涙は、量が少なく、塩化ナトリウムの量が多くなるので塩辛い。

一方、感動したときの副交感神経が刺激された場合は、涙の量が多くなり、粘液や油脂成分が少なく、水分が多くなるので、涙全体の量も多くなり、サラサラとしていて、味は薄く、さほど塩辛くはならない。

同じ涙なのに、感情の種類によって味が変化するのだから、じつに不思議である。

## バタフライはもともと平泳ぎの一種だった！

泳ぎ方のなかでもバタフライは、とても早いし、見た目もじつにカッコイイ。ところが、いざ自分がやってみると、疲れるばかりでちっとも前に進まず、見た目は、まるで溺れているように見えるほどのみっともなさ……。

あんな難しい泳ぎ方を、一体誰が考え出したのだろうか。

じつは、バタフライは、もともと平泳ぎだったのである。というのも、昔は平泳ぎに関して、「手と足が左右対称の動きをすること」という程度の規定しかなかったために、その条件さえ満たしていれば、平泳ぎと認められたのだ。

そこで、ドイツのラーデマッヒェルという選手は、足はカエル泳ぎのままで、手の動きがバタフライの泳ぎ方を開発し、一九二八年のアムステルダムオリンピックに出場。当然、平泳ぎよりバタフライのほうが早く、その後、ラーデマッヒェルを真似する選手が続出した。

バタフライが独立種目として認められたのは一九五四年のことで、この段階では、足はまだカエル泳ぎのまま。一九五六年のメルボルン大会から、オリンピックの正式種目となった。

現在では、一ストローク二キックが一般的で、足はドルフィンキックというのがバタフライの基本となっている。このキックを編み出したのは、じつは日本人の長沢二郎氏である。長沢氏は、メルボルン大会の前に行なわれたヘルシンキオリンピック当時、膝を痛めてカエル足のバタフライができなくなってしまった。なんとか泳げる方法はないかと考え出したのが、ドルフィンキックだったのである。

長沢氏は、このドルフィンキックで、一九五四年六月に世界新記録を更新。その後、彼の編み出したドルフィンキックがバタフライの正式な泳法となった。

## 古新聞にはこんな知られざる利用効果がいっぱい

古新聞が山のようにたまったのに、チリ紙交換がなかなか来てくれない……。

でも、新聞紙は家事の万能選手。捨てないで活用しよう。

油汚れのついた食器やフライパンは、新聞紙でざっとぬぐってから洗剤で洗う。洗剤をあまり使わなくてすむし、すすぎによる排水も少なくてすむ。

ガスコンロにはねた汚れも、冷えてこびりつく前にさっと新聞紙で拭き取ってしまう。

ガラス拭きも、新聞紙を折りたたんで汚れが浮いたら、新聞紙をもんで上から下へ拭きおろすと、きれいになる。

見逃せないのは、新聞紙の保温・断熱効果。その威力は意外なほどに大きい。氷や冷たいものを置いておくとき、また反対に暖かいものを冷ましたくないときに、さっとくるんでおく。

タンスの引き出しの底に新聞紙を敷いておくと、防湿・防虫効果がある。和服を畳むときも、最後に二つ折りにしたところにはさんでおく。

衣類にシワをつけずにしまっておきたいなら、新聞紙を丸めて服の折り目の部分にはさむ。

出張に行くときは、ズボンと新聞紙を一緒にくるくる巻いてスーツケースに入れると、アイロンの筋がピシッとしたままで、すぐにはける。

裏地のような薄い布を切るときは、はさみが滑ってうまく切れない。布の下に新聞紙を敷いて一緒に切ると、思ったとおりに切れる。

「わかっているんだけど、つい面倒で」というのは、新聞紙を重ねて積んでおくから。八つ切りくらいにしてひもを通し、台所にぶら下げておくと、どんどん使える。お皿やフライパンにべったり付いた油汚れをこれでざっと拭き取れば、後の水洗いがだいぶラクになる。ペーパータオルを買わなくてすむので、節約にもなる。

第4章

# 身の回りの疑問が解ける！すっきり雑学

# 眠れないときには、どうしてヒツジの数を数えるの？

眠れないときには、ヒツジの数を数えれば眠れるとよくいわれる。どこからそんな言い伝えができたのだろうか？

これにはいくつかの説があるが、もっとも有力なのはフランスの昔話が起源だという説だ。一九世紀後半ごろつくられた昔話に、眠れない王子さまにヒツジの数を数えて眠らせてあげるという話があって、それがもとになったというもの。

二つめは、ヨーロッパ人のノスタルジーが関係しているという説。ヨーロッパの田舎にいけば、あちこちでヒツジを見かける。ヨーロッパ人にとって、それは忘れがたいなつかしい光景なので、ベッドのなかでヒツジを数えるのは、そのなつかしい光景を思い出すことになり、安眠できるのだという。

三つめは、眠るときにはまったく音がないより、単調なリズムの小さな音が聞こえていたほうが眠りにつきやすい。ヒツジを数える単調なリズムが睡眠を誘うのではないかというのである。

このほか、「シープ」と「スリープ」が似ているなど、さまざまな説があるが、確実なことはわかっていない。いったいどれが本当か。考え込むと、眠れなくなってしまうかもしれない!?

## ビールの大瓶の六三三ミリって、半端じゃないか？

夏場に最もよく飲まれるお酒といえば、やはりビールだろう。

ビールは、幕末の開国とともに日本にもたらされ、一八八九（明治二二）年から国内でもビール瓶の製造が始まった。当時のビール瓶は、製造技術の問題から形や大きさに統一性がなく、同じ会社の同じ製品でも工場によってバラバラだった。当時のビール瓶の栓はコルクで、手で栓をしていたため、とくに不都合はなかったらしい。

しかし、一九〇七（明治四〇）年に栓が王冠に切り替わると、瓶の口の大きさがバラバラでは困るため統一することになった。だが、ビール瓶の容量が統一されたのはさらに先で、戦中の一九四四（昭和一九）年である。統一された容量は、大瓶で六三三ミリ。この規格が今日まで受け継がれている。

六三三ミリとはずいぶん中途半端な数字だが、どうしてこの容量になったのだろうか。

その理由は、酒税にあった。戦時下で酒税が年々値上がりするとともに、一九四〇（昭和一五）年からビールにかけられる税金の課税対象が変わった。それまで仕込釜の容量で課税する造石税《ぞうこくぜい》だったのに対し、倉庫を出た量で課税する庫出税《くらだし》に改められたのだ。そのためには、瓶の容量を統一する必要があった。

そこで、各社の大瓶を集めて、そのうち最も容量が少ない瓶に合わせて大瓶の量を決めた。そうすれば、各社ともそれまでの大瓶をそのまま使えるからである。

小瓶も同様にして三三四ミリとなったが、戦後の一九五七（昭和三二）年に初めて売り出された中瓶のときにようやくきりのよい五〇〇ミリとなった。

## ビタミンのアルファベットが不揃いなワケ

三大栄養素の糖質・脂質・タンパク質と並んで取り上げられるのが、ビタミンだ。

ビタミンAがどうしたとか、ビタミンDが不足すると……といった言葉を耳にするが、よく見ればビタミンKはあってもFやJが抜けて、アルファベットの順が飛び飛びになっている。また、Bにはおまけとして数字がついて、$B_1$とか$B_2$と枝分かれした分類もある。

これは、発見者の名前の頭文字や、発見した順番などと何か意味がありそうに思えるが、そうではない。普通に発見された順番にアルファベットが与えられたのだが、後に訂正や変更が起こったため、このような状態になったのである。

そもそもビタミンというのは、それだけではエネルギーを生まないが、ほかの栄養素の働きを助ける大事な役目を担っている。ヒトの体内では十分な量を作りだせないため食物で摂取しなければならず、それには大きく分けて脂溶性と水溶性があることがわかってきた。

ただ、こうした定義が整うまでに、ビタミンと思われる成分に順にアルファベットがつけられていった。

ところが研究が進むにつれて、じつは先に発見済みのものと同一物質だったとか、発見済みのビタミンと何かの混合物だったという理由で、消えたり、ビタミンB群の一種ということでBグループのナンバーつきのものに変わったりして、しだいにアルファベットの抜けが生じてきた。

また、新物質だと思って命名した後になって、成分を抽出できず、幻のビタミン名となったものもある。さらには、発見者が勝手に順番を無視してアルファベットをつけたものもあり、大変ややこしいネーミングとなってしまったのである。

## サラリーマンはなぜネクタイを締めるのか?

サラリーマンが普通に締めているネクタイ。よく考えればわざわざあんなもので首なんか締めなくてもいい気がする。

ネクタイは実は兵士のファッションとして誕生した。古代ローマ時代に、兵士たちが「フォケール」と呼ばれる一種のスカーフを着用。だが、これはやがてすたれてしまう。

その後、同じような首巻きファッションはルイ一四世期のフランスで復活する。一六五六年、オーストリア軍に所属するクロアチア人軽騎兵《けいきへい》の一行が、王を警護する傭兵《ようへい》役として、首にリネンとモスリンのスカーフを巻いてパリに現われた。

クロアチアでは、長い間、ハンカチを対角線にたたんで首に巻くのが男性の正装の一部と考えられてきた。このファッションは「クロアチア人軽騎兵」を意味する「クラバット」と呼ばれた。

さて、これを見たルイ一四世は大喜び。そのファッショナブルさがすっかり気に入って、自らも最高級のリネンとレースのスカーフを作らせて、ネクタイのように首に垂らして現れた。

これがまたたくまに流行し、一六六〇年代半ばには早くもイギリスに上陸。チャールズ二世が宮廷での着用を強制したため、あっという間に上流階級に広まったのだ。

現在のような結び目を作って長く垂らすフォア・イン・ハンドというネクタイが登場したのは一八六〇年代。それが明治維新によって、洋服と一緒に日本にも入ってきて、日本人もネクタイを締めるようになった。

ネクタイのルーツが兵士のファッションにあったなんて、意外な事実である。

現代のサラリーマンにとっても、ネクタイはファッションの大切なポイント。そういえば、サラリーマンも会社のために規律を守って働く兵士みたいなものかも!?

## お祝い事に赤飯が用いられるそもそもの理由とは？

お祝い事があると、小豆《あずき》やササゲを炊き込んでお赤飯を作る。ご近所や親戚に配ったりもする。

そもそも、古代の米は赤米《あかごめ》といって、赤飯《せきはん》のような色をしていた。これはインド系の米で、糠《ぬか》の部分が紅紫色《こうししょく》。別名は、大唐米《だいとうごめ》、唐ぼしなどといい、色は美しいが粘り気が少なく味はあまりよくなかった。

しかし、儀式のときはこれを神前《しんぜん》に供え、その後みんなで分け合って食べた。日本人は、ハレとケを区別してきたが、赤米のご飯＝お赤飯はハレの食べ物だったのである。

その後、白米を用いるようになったが、祝い事にはそれまでの色を伝えて、小豆やササゲで赤く染めたご飯を炊いた。小豆は体によく薬効があるからとも、赤い色は邪気を払い、厄除けの力があるからともいわれている。

小豆は、赤飯のほかにも、一月一五日の小豆粥、二月八日の御事煮《おことに》をはじめ、多くの行事に活躍する。民間でお祝い事に赤飯を食べるようになったのは江戸時代の後期からで、地方によっては仏事に赤飯を炊くところもある。

赤米は、明治の頃まではわずかながら残っていたが、その後、完全に姿を消した。しかし、最近また栽培する試みがある。古代の味も知ってみたいところだ。

## 「カツオのたたき」はどこをどう叩いている？

イワシ、アジなど、「たたき」といわれる刺し身料理は多いが、細かくてたたいたことが一目瞭然のイワシ、アジに対し、カツオのたたきはイメージしにくい。それなのになぜたたきと名乗っているのだろう。本当にたたいているのだろうか。

じつは、ちゃんとたたいている。

カツオはおもに室戸《むろと》岬から足摺《あしずり》岬までの間で獲れるが、カツオのたたきといっても、地方、地域によってずいぶんつくり方が違っている。

たとえば土佐近辺では、カツオを火であぶったあとタレをかけ、それを手や包丁の側面でたたいてタレをしみ込ませる。

つまり、タレの味をよりしみ込ませるためにたたいていたのだ。

このほか、カツオ節をつくるときに残った部分を皮つきのまま串に刺して焼き、それに土佐酢《とさず》をかけて包丁の背でたたく土佐づくりや、皮つきのまま火であぶってから氷水で冷やす焼霜づくりなどがある。焼霜づくりは『東海道名所記』などにも出てきたことから、江戸時代初期には行なわれていたという。

どうやらカツオのたたきは意外にも、かなりバリエーションに富んだ料理だということがわかった。各地域でそれぞれおいしい食べ方を工夫したのが、ほかの地域に広まっていったようだ。

なお、現在はしょうが醤油で食べるのが主流だが、江戸時代にはカラシ醤油が好まれていたそうだ。

## 冷蔵庫でできる氷の白い濁りの正体は何か？

冬には、バケツの水や池などの水面が凍っていることがある。この時の氷は下の水が透けてみえる透明な氷だ。だが、家庭の冷蔵庫で作る氷は白く濁っている。水面に張る氷と同じように無色透明でなく、なぜ白く濁っているのだろう。

水には、空気やイオン、ミネラルなど、さまざまなものが溶け込んでおり、凍るときには純粋な水から凍っていくという性質がある。先に凍った部分にもともと含まれていたさまざまな不純物は、まだ凍っていない部分へと追いやられていく。

もっとも、一般的な冷気循環式の冷蔵庫では、製氷皿のまわり全体から冷気があたり、水は周囲から中心に向かって凍っていく。つまり、四角い氷の表面近くは純粋な水が凍った部分で、空気やミネラルなどの不純物は中心近くに集まることになる。

純粋な水が凍れば無色透明な氷になるのだが、不純物を多く含む部分が凍れば白く濁る。不純物の中でもとくに空気は、先に凍った周辺部から押しやられて中心部に集まるとき、気泡となって氷に閉じこめられるため、光が気泡に当たってさまざまな方向に反射する。すると氷が白く濁って見えることとなる。

これに対して水面に張る氷は、空気やミネラルなどは凍っていない水のなかに押し出され、純粋な水だけが凍るため、無色透明となる。

また、製氷皿の下に割り箸を置いたりして少し浮かせ、時間をかけて凍らせると、冷蔵庫でも透明な氷を作ることが可能だ。それは、時間をかけることにより、気泡が大きくなって空気中に逃げ出したり、水中で空気が拡散して気泡ができにくくなるからだ。

## ベーキングパウダーがパンをふくらませるカラクリ

家庭でのパン作りの材料として、パン酵母《こうぼ》のかわりに使われるのがベーキングパウダー。いわゆる「ふくらし粉」だ。小麦粉にこれを加えて水で練《ね》り、生地《きじ》をつくる。小麦粉だけではふっくらしたパンにはならない。

そのからくりは、二酸化炭素にある。ベーキングパウダーの主成分である炭酸水素ナトリウムは熱分解によって炭酸ナトリウムに変わり、炭酸ガスを発生させる。イメージとしては、炭酸飲料水の泡を考えるといい。あれも炭酸ガス、つまりは二酸化炭素。水に溶けていた二酸化炭素が気体になって出てきたものなのだ。

パン作りでは、生地をオーブンに入れると、六〇度になったころから二酸化炭素が発生する。そして、温度が上がるにつれて膨張した気体が小麦粉のグルテンに包み込まれ、スポンジ状になるというしくみだ。

ベーキングパウダーには、二酸化炭素の発生を促《うなが》すためにリン酸二水素ナトリウムやフマル酸などの酸も加えられている。水に溶けると炭酸水素ナトリウムと反応して二酸化炭素ができる。炭酸ナトリウムの苦みを中和する役目もある。

## かき氷を急に食べると、頭がキーンとするのはなぜ？

暑い夏には、冷たいかき氷がおいしい。でも、急に食べると頭がキンキンしてしまう。

かき氷を食べた時頭痛が起きる理由は、皮膚を通っている血管にある。副鼻腔《ふくびくう》などの粘膜の血管が、かき氷で冷えて収縮することで頭痛が起きるのだ。急に寒くなると頭が痛くなるのと同じ現象と思えばいい。

副鼻腔などの血管が収縮しただけで、頭が痛くなるのはおかしいと思う人もいるかもしれないが、痛みは単純に刺激を受けた場所だけが痛くなるわけではない。

ある部分に刺激が加わると、そこには関係なさそうな場所が痛むことがある。これは関連痛と呼ばれる。

かき氷の刺激で血管が収縮すると、痛みの受容器を刺激するプロスタグランジンなどの物質が出る。おまけに冷たさ自体も痛みの受容器を刺激するから、ダブルパンチの刺激になる。これが口やアゴとは離れた眉間のあたりに伝わって痛くなるのだ。

頭が痛くなるほどかき氷をかきこむのはやめたほうがいい。そんなに慌てなくたって、全部溶けきったりはしないのだから。

## 缶コーヒーを海外で見かけないのはどうして？

コーヒーは、幕末の開国後に本格的な輸入が始まった。しかし、缶コーヒーとなると話は別だ。缶コーヒーは日本生まれで、しかもおもに日本で飲まれているのである。

缶コーヒーの先駆けとしては、一九五八（昭和三三）年に外山食品が発売した「ダイヤモンド缶入りコーヒー」、一九六六（昭和四一）年に三浦義武《みうらよしたけ》氏が発売した「ミラ・コーヒー」があるが、どちらもすぐに姿を消し、商品についての詳細はよく伝えられていない。はっきりわかっている日本初の缶コーヒーは、一九六九（昭和四四）年に発売されたUCC上島珈琲《うえしまこーひー》の「ミルク入りコーヒー缶」である。

翌年の大阪万博を契機に爆発的な売り上げを伸ばすようになった缶コーヒーは、いまでは多くのメーカーからさまざまな製品が出て、自販機の定番商品ともなっているが、海外ではあまり飲まれていない。

なぜ海外では缶コーヒーがそれほどポピュラーではないのかといえば、これは、海外でのコーヒーの飲まれ方による。

海外では、コーヒーは店や家庭で座って、コーヒーカップで飲むものだからだ。つまり、そもそも缶から飲むという発想がないのである。

日本人の感覚では、コーラも缶コーヒーも同じように、自販機やコンビニなどで買って飲む飲み物だが、海外では、コーラとコーヒーは飲み方が違うのである。海外には長年培ってきたコーヒー文化があるため、日本ほど缶コーヒーが主流にはならないのである。

## 歳をとるとなぜ涙もろくなるのか？

人は歳をとれば持病も抱えるし、体もいうことをきかなくなるものだ。そのひとつなのか、中高年になると「涙腺《るいせん》が弱くなって」という声をよく聞く。しかし、水道の蛇口のゴムがゆるんで水が止まらなくなるように、本当に涙腺の締まりがゆるくなるのだろうか。はたして医学的にはどうなのだろう。

じつは年をとって涙腺の締まりがなくなるということはない。そもそも涙腺というのは、いわば涙の工場で、涙もろいかどうかにはまったく関係がないのである。

涙腺とは上まぶたの裏側にある小さな袋状の器官のことである。つねに涙がつくられており、涙を流すことにより汚れやばい菌から目を守るという働きをしている。

では、歳をとることと涙もろくなることは無関係なのだろうか。

一般的には、歳をとると分泌《ぶんぴつ》される涙の量はかえって減ってしまう。しかし、歳とともに涙もろくなるというのも事実なのだ。その理由は三つある。まずひとつ目の理由。涙は目頭のほうにある上下二つの涙点から、鼻涙管《びるいかん》を通って鼻へ排出される。泣いたときに鼻水が出るのはこのためだが、この鼻涙管が歳をとると詰まってきて、だんだん細くなる。そのため排水口にあたる涙点であふれやすくなるのだ。

要するに涙が排出される管に老廃物がたまっているわけだ。

二つ目は脳の問題。歳をとると大脳の感情を抑制する回路が弱くなるから。つまりは、脳の老化だ。

そもそも涙が流れるのは大脳からの命令である。たとえば、ある映画を観て感動すると脳の視《し》床《しょう》下《か》部《ぶ》が刺激される。そして、そこから涙腺に「涙を出せ」という信号を送る。これをコントロールするのも大脳の役目だが、この視床下部に対する抑制能力が歳をとると弱くなるために、涙もろくなるというわけだ。

三つ目の理由は歳をとると涙の基礎分泌が減るため角膜が荒れた状態になり、それによって感情や刺激に敏感になるということが考えられる。

以上のような目と涙、脳の構造的な理由で、歳をとると涙もろくなるというわけだ。

俗にいわれているように、涙腺そのものが弱くなったり、ゆるくなったりすることはない。

いずれにせよ、泣くことは感情表現が豊かな証ともいえるしストレス発散にもなる。歳をとろうがとるまいが、誰にもはばかることなく、大いに泣く日があってもよいのではないか。

## 「バーディー」に「ターキー」…なぜ鳥の名前が使われた？

ゴルフでパー４のところを、マイナス１の三打でまわればバーディー（小鳥）、マイナス２の二打でまわればイーグル（鷲《わし》）、もっとすごいマイナス３の一打ならばアルバトロス（アホウドリ）。

という具合に好記録をなぜ鳥の名で呼ぶのか。また、誰がこう呼び始めたのかも、じつはわかってはいない。アメリカのプレーヤーの間から、自然発生的に広がったようだ。

ゴルファーなら、遠くへ飛ばしたい。クラブを握って、のびのびと飛ぶ鳥を思い浮かべているうちに、こんな名前になったのだろう。

とはいえ、羽ばたく小鳥、まっしぐらに飛ぶ鷲、この順番はわかるが、アホウドリというのはいったいなぜだろう。

日本では、アホウドリという失礼な名前がついているが、アルバトロスは、翼を広げると約三メートルにもなり、強い向かい風を受けて飛び立ち、何時間も翼を動かさずに飛ぶたくましい鳥なのだ。よく感じをとらえた呼び名だからこそ、定着したのだろう。

では、ホール・イン・ワンには、なぜ鳥の名前がついていないのか。

どうやら、奇跡に近い出来事なので、そのものズバリにしか表現できなかったようだ。

一方、ボウリングでは、三回ストライクが続くことを「ターキー」というが、これは七面鳥のこと。

一六世紀頃、オランダからアメリカにやって来た人々が、先住民が一本の矢で三羽の七面鳥をいっぺんに仕留めたのを目撃し、その腕前にびっくり仰天した。

当時オランダで流行していたボウリングでストライクを三連続で出したのと同じくらいの驚きだった。

そこで、ストライクが三回続くことを「ターキー」と呼んだといわれている。

ちなみに、ストライクとスペアを交互に出して二〇〇点のスコアを出すのは「ダッチ・ゲーム」と呼ばれる。

## 「夏みかん」なのにどうして夏に出回っていないの？

名前にまではっきり「夏」と入っているのだから夏みかんも夏の風物詩のひとつに入れ

てやりたいものである。

ところが、よく考えてみると、夏みかんという名前にもかかわらず、夏みかんが多く出回るのは、夏ではなく五～六月頃である。これでは夏みかんではなく、春みかんである。なぜ、あえて夏とつけたのだろう？

なんと、かつて夏みかんは、初夏に多く出回っていたのである。

ふつうのみかんは寒さに弱い。実がなってからマイナス四度の状態が五時間以上続くとすぐに凍ってしまい、解凍しても水分が飛んでいて、味もすっぱくて、とても食べられたものではない。

そこで、本格的に寒くなる時期を迎える前の一二月下旬～一月頃に収穫し、数か月間寝かせて熟成し、甘みが出た冬から春先にかけて出荷する。

ところが、以前の夏みかんは、ほかのみかんと異なり酸味が強かった。酸味が強いと冬の寒さに強く、凍らない。

したがって、早くから収穫して熟成させる必要がなかったのだ。長い期間木になったままにし、熟して甘くなり、収穫時期を迎えるのが初夏だった。だから「夏みかん」といったのだ。

しかし現在では品種改良が進み、酸味の強い夏みかんはほとんどない。それゆえ寒さに弱くなり、早い時期に収穫されて、熟成させて売られるようになったのである。だから近年は五～六月頃に多く出回っているのだ。

これではせいぜい「初夏みかん」。品種改良されてどんどんおいしい夏みかんが登場するのはうれしいけれど、季節感がなくなるのは、少し寂しい話である。

## 和服は男女とも右前なのに、洋服は男女手前が違うのはなぜ？

「左前になる」という慣用句は、商売がうまくいかなくて経済的に行き詰まったようなときに使われる。

ただ運が悪くなったときにも使うようだが、どちらにしろ、あまり良い状態ではない場合に使われる。

というのは、日本では和服を右前にして着て、死者に着せるときだけ左前にするしきたりがあるからだ。

これでもわかるように、古来、日本では男女で衣服の前の打ち合わせが異なることはなかったが、洋服が入ってきてから、男女で前の合わせが逆というのが普通になってしまった。

なぜ西洋では男女で衣服の打ち合わせが逆になったのだろうか。

男性は、右手で剣を持って闘うために、いつも心くばりをしておかなければならなかった。とくに寒い季節は右手がかじかんでいたりすると困るから、上着のボタンの隙間から手を差し込んで温めておくには、右前のほうが都合がよかったという説が有力だ。

女性は、ボタン止めの服が誕生した一三世紀ころ、それを着るのは世話係を雇えるような身分の人に限られていた。

当時の宮廷服を見れば、とても一人で身につけることができるようなものではないから、彼女たちはそばに仕える人に衣装を着せてもらうしかない。

ボタンはその世話係が止めやすいほうがいい、というので左前になったという説が一つ。

もう一つは、赤ちゃんを抱いているとき心音が聞こえるよう左側に頭を置いて抱っこする人が多いが、そのままオッパイを飲ませるには前の開きが左前のほうが都合がよかったという説だ。

どんな理由にせよ、こと衣服の面では、日本のほうが西洋より男女平等精神が貫かれている!?

## 水はたくさん飲めないのに、なぜビールだったら飲めるのか？

大きなジョッキに注がれたビールをグイッと一杯！

暑い夏にはたまらない瞬間だが、あんなに大きなジョッキのビールを何杯も飲んでも、平気なのはどうしてだろう。水だったら、絶対あんなに飲めないのに。

これは体内での処理が異なるため。ビールも、水も、食道から胃に入って、そこで一時的に貯められるところまでは同じ。ところが、そのあとが違う。

水は胃ではそれほど吸収されず、少しずつ十二指腸に送られて小腸から大腸を通る間に腸壁からだけ吸収される。

これに対して、ビールのアルコールは腸壁だけでなく胃壁からも吸収される。そして同時に水分も一緒に吸収される。だから、ビールはたくさん飲んでもすぐに吸収されるので、どんどん飲めてしまうのだ。

またアルコールは、炭酸ガスや砂糖を含むと吸収が早まるという性質を持っている。おまけに、アルコールには利尿作用もあるので、ますますたくさん飲めるわけ。ビール好きにとっては、なんともありがたい身体の仕組みだ。

では、大ジョッキと中ジョッキのどちらにするか。これはやはり飲むペース次第だろう。

## アルミホイルに表裏があるのにはちゃんとワケがある

家庭用アルミホイルは約〇・〇一五～〇・〇二ミリという薄さ。五〇～六〇枚重ねてやっと一ミリという厚さだ。

このアルミホイルは、表面が鏡のようにピカピカなのに、裏面は光沢が鈍い。

これはやはり表と裏を見分けるためだろう……と思ったら、じつは違う。この光沢の違いには、一度に二枚作る工程が関係しているのだ。

アルミホイルを作るときには、アルミニウムの塊《かたまり》を摂氏《せっし》四〇〇度以上の高熱で柔らかくしてローラーで伸ばす「熱間圧延《ねっかんあつえん》」の後、空気冷却で伸ばす「冷間圧延《れいかん》」、さらに薄く伸ばす「荒箔圧延《こうはく》」と、何回もローラーで伸ばし、薄くしていく。

荒箔圧延の工程までにある程度薄くしてからがもう一工夫だ。次は二枚重ねて伸ばすことによってさらに薄くする。そして、二枚重ねになったアルミホイルをはがせば、一枚では難しいほどの薄さまで伸ばせるうえ、二枚いっぺんにアルミホイルを作れるというわけだ。

この方法でアルミホイルを作ると、アルミとアルミが接していた部分は光沢が鈍く、ローラーに接していた部分は磨かれてピカピカになるのである。

## 偽札発見！銀行や警察に届けたその後は…

気付いたらどうやら偽札が財布に入っているような気がする…。

こんなとき、銀行か警察に届け出れば、同額のお金と交換してもらえるのだろうか。

実際のところは、交換してはもらえない。あやしいと思ったとき銀行に持っていけば、鑑定はしてくれるかもしれないが、それで偽札とわかれば、警察に持っていくようにといわれるだろう。

警察にもっていけば、任意提出を求められるだけで、同額のお金との交換はしてくれない。

ただし、「偽造通貨発見届け出者に対する協力謝礼金制度」といって、任意提出することによって捜査の助けとなれば、協力謝礼金をもらうことができる制度がある。

後で協力謝礼金をもらえるかどうかは、届け出てみなければわからないという扱いになってしまう。

それなら届け出ずに、そのまま使ったほうがいい……などと考える人もいるかもしれないが、それはやめたほうがよい。

偽札とわかっていながら使うと、自分がその偽札を作ったわけではなくても、額面価格の三倍以下の罰金または科料《かりょう》に処せられてしまう。

どちらにしても使えないのだから、やはり協力謝礼金を期待して届け出たほうが賢明だ。

## まぶたを閉じない魚は いったいどうやって眠るの？

群れをなして太平洋沿岸を北上してくるカツオ。青葉のころの初鰹《はつがつお》は、食べ物に季節感を失いつつある現代の日本でも、まだ風物詩として扱われる。

カツオなどの回遊魚は、とにかく止まるときは死ぬときで、大きな魚に食べられるか、人に釣り上げられるまでは泳ぎ続けていなければならない。

でも、眠らなければ死んでしまうではないか。と思ったら、ちゃんと眠っているのである。

ただ、それでもヒレは動かし続ける。それさえしていれば、群れをなして泳いでいるから、周囲の集団が一緒に運んでくれるのだ。まるでラッシュ時に車中で立ったまま眠れるサラリーマンみたいなもの。

もちろん、みんな夜がきたから一斉に眠るということはなく、いつでも、どこでも、ただし交替で眠っている。

こうした群れで移動するのが、イワシ類、カツオも含まれるサバ類、アジ類、サンマ類だが、なかには夜になれば岩陰や砂にもぐって眠る魚もいる。それが、コイ、フナ、マスなどの淡水魚、イシダイ、カワハギ、シロギス、ベラ類だ。

逆に夜行性のウナギやアナゴ、ヒラメ、カレイなどは昼間が睡眠時間。彼らはそろって肉食性だから、昼間はウトウト、トロトロ休んでおいて、夜になるとエサをさがして起きてくる。

こうした一日サイクルで眠るもののほかに、水温が下がってくるとまるで冬眠のように長期間の睡眠に入るドジョウ、フナもいるし、逆にイカナゴやハイギョは水温が高くなると眠りにつく。

## 日本酒の「正宗」の由来、実はダジャレ？

日本酒の銘柄には、「桜正宗《まさむね》」「菊正宗」など、「正宗」の名がつく銘柄が少なくない。日本酒センターが四五〇〇の銘柄を対象にして酒名に使われた字を調べたところ、「正宗」のつく銘柄は一八〇以上あり、三番目に多かったという。

戦前では、「正宗」は日本酒の代名詞で、駅の売り子たちも「ビールに正宗……」などといって日本酒を売っていたようだ。

日本酒最初の「正宗」は、いまの「桜正宗」の前身で、江戸時代に誕生した「正宗」にさかのぼる。

この酒をつくった摂津《せっつ》（現・大阪府）の酒造家・山邑太左衛門《やまむらたざえもん》は、一八四〇（天保《てんぽう》一一）年、親しくしていた京都・元政庵《げんせいあん》の住職のもとを訪れた。

そこで彼は、机の上に置いてあった経典『臨済正宗《りんざいせいしゅう》』にふと目を止めた。

「臨済正宗、正宗……」

何気なく口ずさんで、太左衛門は「これだ！」とひらめいた。「正宗」は「せいしゅう」と「清酒」と語呂《ごろ》が通じるので、酒の名前にぴったりだし、お寺が由来の名前なら格も高い、と思ったのだ。

以来、太左衛門が「正宗」の名で売り出した酒は大評判となり、その人気にあやかろうとして、「××正宗」と銘《めい》打った酒が次々に登場した。

「せいしゅう」の読みが「まさむね」となったのは、名刀「正宗」が有名だったため、それにあやかろうとして、「名刀・正宗のように切れ味のよい酒」という意味合いから、読みが変化したようだ。

## 似て非なる「パフェ」と「サンデー」その違いは？

喫茶店では「××パフェ」とか「××サンデー」というメニューをよく見かける。女性に人気のパフェやサンデーだが、どこが違うのだろうか。

まずパフェは、一九一〇～二〇年頃にフランスでよく作られたフルーツムースがルーツといわれている。

手軽に作るためにムースをアイスクリームで代用したところ、本来のフルーツムースよりおいしい味だったので、「これ以上ない最高のデザート」という意味から、フランス語で「完全な」を意味する「パルフェ」と呼ばれ、世界に広まった。

英語では、パフェは「パーフェクト・フルーツ・アイスクリーム」と呼ばれている。

一方のサンデーは、一八九〇年代にアメリカで登場したお菓子だ。チョコレートをかけたアイスクリームを日曜に限って売ったところ評判になり、「日曜日」を意味する「サンデー」という名をつけた。

だが、キリスト教の安息日《あんそくび》をそのままお菓子の名前にするのは不謹慎《ふきんしん》というので、つづりを変えて「sundae」にしたのである。

つまり、パフェとサンデーは生まれた国が違うのだ。

また、今日の喫茶店では、パフェは高さのあるグラスに生クリームやフルーツ、ときにはシャーベットやウエハースなども加えてにぎやかに盛りつけ、横から見るときれいに見える。

対してサンデーは、口の広い器に盛り、脇役はフルーツとソース程度だが上から見て楽しめる。

盛りだくさんな分、パフェのほうが少し値段が高い店が多いようだ。

## 「しらたき」と「糸こんにゃく」はたして同じか別モノか？

すき焼きに入れるのがしらたきで、寄せ鍋に入ったら糸こんにゃくだ。いや、糸こんにゃくのほうが太くて短い。いやいや、色が白いのと黒いのとの違いだなど、人それぞれに思い入れがあっても、もとは同じコンニャクイモが原料で製法も同じ。

こんにゃくが細くヒモ状になっているのを、関西では見た目から糸こんにゃくと呼び、関東ではしらたき（白滝）と風流に呼んだだけの差らしい。

こんにゃく業界でもこの混乱には手を焼いたようで、すでに一九六四（昭和三九）年、両者は同じものという正式見解を出している。

呼び名には地域差があるようで、それは、コンニャクイモの栽培ができるかできないかで生まれたものらしい。南方原産のためイモ栽培のできない北国では、コンニャク粉を仕入れて作っていたので、自然に白いものが多くなりしらたきとなった。暖かい地方だと、生イモから作った男っぽいものがなじみとなり糸こんにゃくが主流となった。

今ではメーカーによってかなり差があり、ヒモ状の直径が二ミリ以上になれば糸こんにゃくとする、ふつうの板こんにゃくをちょうどトロコテンのように突き出したものを糸こんにゃくとするなど、マチマチである。

## 長ネギはどこからどこまでが茎なのか？

私たちがふだん食べているトマトやキュウリ、ナスは植物の実の部分にあたり、サトイモやジャガイモは塊茎《かいけい》、サツマイモは根にあたる。このように私たちが野菜を食べているときは、何となくだが、それが植物のどの部分なのかを想像することができる。

ところが、薬味にしたり鍋料理に使ったりと和食に出番の多いネギは、どこの部分を食べているのかわからない。いいかえると、ネギの葉とはいったいどこなのか。葉と根の境というものはあるのか。そんな疑問がわいてくる。

その答えはいわゆる関東で食べられている根深《ねぶか》ネギ、白ネギ、長ネギという品種にかんしていえばまず、見てもわかるとおり、下のほうにチョロチョロとくっついているヒゲのようなものが根である。

そして、その根から一センチくらいが茎で、そこから上は葉になる。この葉も「葉鞘部《ようしょうぶ》」と「葉身部《ようしんぶ》」に分けられ、ふだん私たちが食べている白い部分はほとんど葉鞘部にあたる。

つまりネギの葉の部分を食べていたわけだ。

厳密にいうと、どこが茎かは品種や生長の度合いによって違うが、縦に切ってみたとき、まんなかにタケノコをごく短くしたような部分があり、それが茎にあたる。

その茎の節から葉が一枚ずつ生えてきて上に伸び、筒のようになっていく。その筒になった白い部分が葉鞘部と呼ばれて食用になるということだ。

## ビールを飲むとほかのお酒よりトイレが近くなるワケ

お酒には利尿作用があるため、お酒を飲めば誰でもトイレが近くなる。アルコールが体内に入ると、新陳代謝が活発になり、腎臓の血液濾過《ろか》能力が促進されて体内の老廃物を追い出そうとするとともに、脳下垂体で作られる尿の出を抑えるホルモンの分泌が少なくなる。そのためトイレが近くなるのだ。

この利尿作用は、お酒によっても異なる。ビールを飲むと、日本酒やウイスキーなどほかのお酒を飲んだときに比べて、頻繁《ひんぱん》に尿意をもよおす。

なぜビールは、お酒の中でも特に利尿作用が強いのか。ビールは、大麦を発芽させて糖化した後、ホップを加えてから酵母《こうぼ》によって発酵させるが、このうちのホップに、トイレが近くなる一因がある。ホップに含まれるフムロンとルプロンという化合物が、強い利尿作用を持っているのである。

それに、ビールはほかの酒類に比べて水分量がはるかに多い。多量の水分が体内に入ると、腎臓は余分な水分をどんどん体外に出そうとする。

また、ビールに含まれるカリウムにも、新陳代謝をいっそう促進して利尿作用を促す働きがある。

この三つの理由によって、ビールはほかの酒類以上に利尿作用が強いのだ。

ビールの利尿作用は古くから知られており、古代ギリシャの医学者ヒポクラテスの残した書物に、発疹性の病人の治療のため、発芽した大麦の煎《せん》じ汁を飲ませて排尿量を増加させる、という方法が記述されている。

排尿量を増加させることにより、発疹の原因となる老廃物を体内に出そうとしたのだろう。

なお、医師でもあった森鷗外《もりおうがい》はミュンヘンに留学中、自らを実験台にして「麦酒ノ利尿作用」という論文を書いた。そして「実験のやり過ぎで、終《しま》いには膀胱炎《ぼうこうえん》になった」と書いている。

## すっぱいミカンは、放り投げると甘くなるってホント？

色もツヤもいいと買ってきたミカンが、予想外にすっぱかったとき、おばあちゃんの知恵としての言い伝えがある。

放り投げて落っことすといい。手のなかでモミモミしてやるといい。お風呂の残り湯に入れてしばらくおいておくといいなどなど。

ずっと伝えられてきたことだから、実際にそうかもしれないと、その理由を調べてみると……。

これらはみんな、ミカンの呼吸作用を促していることだった。ミカンの呼吸作用が活発になると、果実のなかの酸味がエネルギーとして消費される。ということは、ミカンが甘くなるのではなく、酸味が薄れるから「すっぱい」という感じがなくなるだけのことなのだ。

ただし気をつけたいのは、落下の衝撃で二〇パーセントも酸が減るとはいえ、呼吸作用が激しくなると傷みも早い。できるだけ早く食べること。

また、モミモミは、そこから呼吸作用が始まるから、もんでからすぐではなく、しばらく放置してから食べたほうが酸味の減った実感がある。

お風呂に入れるのは……。ゆでミカンにならないうちに食べてしまおう。

## 表札がきまって門の右側にかけられる理由とは？

最近は立派な門構えの家も少なくなって、一戸建ての家でも、表札は建物の玄関ドアのそばというケースも多くなったが、そのときでも門にかけるのと同じ、向かって右側にかけることが多い。

時代劇を見ていてもわかるが、たとえば「南町奉行所《ぶぎょうしょ》」といったような看板は、必ず門の右側にある。

これは、中国から伝わった陰陽《いんよう》五行《ごぎょう》説《せつ》が日本にしっかり根づいたあかし。

この思想は、ものごとすべてを陰と陽に分けるもの。対になったものも、たとえば太陽に対しては月、紅と白、上下、左右などワンセットにして陰陽に分け、それなりの役割や意味も与えられている。ちなみに、これらは先に書いたほうが陽だ。

家の造りなどでもこれにこだわり、座敷には上座《かみざ》と下座《しもざ》があり、上座を陽としたが、右と左では左を陽としている。

その家の顔ともいえる門にかける表札は、陽の位置に掲げることになっていて、家の中から見たとき左になるほうにかけるのが慣例となって、それが現在まで続いている。

## 紙幣にはなぜ肖像画が描かれているのか？

西暦二〇〇〇年に二千円札が新しく発行されたが、このデザインはこれまでのお札とは異なる異例なものとなった。というのは、人物の肖像画が中心になったものではないからだ。

これまでの日本のお札は、明治時代に入って初めて発行された神功皇后《じんぐうこうごう》から、大国主《おおくにぬし》命《みこと》、日本武尊《やまとたけるのみこと》など神話の登場人物から、菅原道真《すがわらのみちざね》、二宮尊徳《にのみやそんとく》など歴史上に名を残す人物の肖像が描かれてきた。

懐かしい五百円札には岩倉具視《いわくらともみ》が描かれていたし、つい先代の一万円札は聖徳太子《しょうとくたいし》で、今では福沢諭吉《ふくざわゆきち》がちょっとハスにかまえて登場している。

こんなふうに、お札に人物が描かれるのは、偽造しにくいからなのだ。だから、ホクロがあったり、ヒゲをたくわえていたり、ヘアスタイルに特徴があって細かい表似が難しいことが、お札に描かれる肖像画の人選の基準でもあるそうだ。

## 日本に「小型で並」の台風が来なくなった裏事情

地球環境が変わりゆくなか、次々に大きな台風がやってきては、甚大な被害をもたらしている。

この「台風」とは、熱帯の西太平洋で発生する熱帯低気圧のうち、北西太平洋で発達して中心付近の最大風速が秒速一七・二メートル以上（風力八）に発達したものをいう。

台風のニュースを聞いていると、「大型で非常に強い台風」と、大きさの階級や強さの階級が表現されている。大きさの階級は、風速が秒速一五メートル以上になる範囲の半径で、強さの階級は、最大風速によって表わされる。

以前は「小型で並の強さの台風」といった表現も聞いたように思うが、近頃では聞かない。

これはランク分けの名称が変わったためである。

かつて台風の大きさは、「ごく小さい」「小型」「中型」「大型」「超大型」の五段階、強さは「弱い」「並の強さ」「強い」「非常に強い」「猛烈な」の五段階に分けられていた。

だが、これでは、「ごく小さい」「小型」「中型」「弱い」「並の強さ」などと発表されたとき、大した台風ではないというイメージを与えて、警戒を怠ってしまいかねない。「ごく小さい」「弱い」と分類された台風でも、暴風圏ではかなり強い風が吹き荒れるのだから、なめてかかると危険である。

そこで、二〇〇〇（平成一二）年五月からこれらの名称は廃止され、大きさの階級は「表記なし」「大型」「超大型」の三段階、強さは「台風」「強い台風」「非常に強い台風」「猛烈な台風」の四段階に変更された。

## 電車や喫茶店で人はなぜ真ん中よりも隅に座りたがるのか？

彼女と待ち合わせの喫茶店に入ったとしよう。店内をぐるりと見回して、隅のほうに空席があると、迷わずそこへ歩を進めるのでは？

待ち合わせなのだから、入り口から見やすいところに座っていたほうが、探す手間がかからなくていいはずなのだが、なぜか奥の角の席へと足を運ぶ人は多い。

空いた対面座席の電車に乗ったとき、ドアのそばで人の出入りがあるにもかかわらず、柱のすぐ脇の端の席に座ってしまうのは、いつも遠慮がちな態度をとる人だけの行動パターンではない。

それどころか、端から二、三人おいて座っていたとしても、途中でだれかが下車して空席になると、その端の席へちょちょっと移動することさえある。

これは、アメリカ人などおおらかなお国柄の人には見られない行動で、電車はまん中の席から埋まっていくという。

カフェなどでも広々した空間にある席のほうが好まれるので、日本人の謙虚な国民性の表われという説もある。

しかし一方で、このような行動は人間の動物的本能によるところが大きいともいわれる。

たとえば、犬を散歩させるとわかるが、道路を歩くとき、必ず塀やフェンスに体の一方を寄せるようにして歩く。

これは、いま自分がいる位置をはっきりさせるために、壁のように何か動かない固定されたものをよりどころにしつつ、体の一方をそれで守って敵から襲われるのを防ぎ、不安を取り除こうとする本能からきている。何もオシッコをひっかけるマーキングがしやすいための端っこ歩きではないのだ。

人間も同じで、本能的に身を守るための盾《たて》、あるいは要塞として壁や柱を求めて隅の席を選んでいると考えられるのだ。

## すっぱいものがすべて「酸性食品」というわけではない

世の中には「肉ばかり食べていると体が酸性に傾く」などと忠告する人がいる。動物性タンパク質は酸性食品だから、野菜などのアルカリ性食品を補わないと酸性が勝るというのだ。

が、人の体はそんなに単純なものではない。

酸性食品を食べても、体液が酸性になることはないし、健康な人の血液や組織液は、いつも弱アルカリ性に保たれている。

そもそも酸性食品というのは、その食品を燃やして残った灰を水に溶かしたときに、酸性を示すもののことをいう。

アルカリ性食品もやはり、灰の水溶液がアルカリ性である場合にあてはまる。なぜそんな手順を踏むのかというと、食べたものがエネルギー源として使われたあとに無機質の成分が残り、体に影響を与えるとみられるためだ。

すっぱいものを食べたときに、よく「酸味が強い」というが、じつは、この「酸」と酸性食品とはまったくの別ものである。

レモンのようにすっぱい果物も、本当のところはアルカリ性食品なのだ。果物に酸味があるのはクエン酸やリンゴ酸などが含まれるためで、そのままでは酸性を示すのでまぎらわしいが、灰にするとアルカリ性になる。

酸性食品が酸性であるゆえんは、リンや硫黄《いおう》、塩素などが灰に多く含まれることにある。動物性タンパク質には硫黄が多いから、たしかに酸性度が強い。だが、植物性タンパク質でも豆類などはリンを多く含んでおり、酸性食品だ。

もう一方のアルカリ性食品にはマグネシウムやカリウム、ナトリウム、カルシウム、鉄などの無機質が多く含まれていて、その代表例は果物、野菜、イモ類、牛乳など。

これらの食品が健康にいいと見られているだけに、「酸性食品ではなく、アルカリ性食品を」という誤解を招くのだろうが、じつは、肉中心の食事にしないで、野菜や穀類などもしっかりと食べろということなのだ。

## 「デジャ・ブ」が起こる科学的根拠とは？

初めて行ったはずの場所、初めて見たはずの風景なのに、「あれ？　この場所、来たことがある」とか、「見たことがある」といった覚えはないだろうか。

これを日本語では「既視感《きしかん》」と呼ぶが、フランス語で「デジャ・ブ」といったほうがもっとおなじみだろう。

なぜ、デジャ・ブが起こるかについては諸説ある。ひとつは記憶が混乱しているため。これは過去に体験した記憶がスッと出てこないで、他の体験と結合してしまい、新しい記憶が創り上げられることにより生じる。

そのため、断片的に過去のある体験と、現在の体験を同じように感じてしまうというから、一種の錯覚のような感覚と言い換えてもいい。

また、無意識の願望だという説もある。一般に、人は自分にとって都合の悪いことや、社会的に非難されるようなことは正直に表現することなく、心に押し隠している。

ところが、この願望がある瞬間、目の前で起きたことや出合った風景をきっかけにして意識の中に出てこようとする。

だが、そのまま思い出すのはバツが悪いため、あたかも初めて出合った場面というかたちで思い出されるというのだ。

また、脳神経の伝達が混乱したためという説もある。これは、記憶の電気的な信号が、脳のある部分から他の部分に伝達される際、わずかな時間のズレが生まれるため、二度体験したかのような錯覚に襲われるというものだ。

デジャ・ブが一過性のものならば問題はないが、これが恒常的に現れると、精神障害が疑われる。

多くの人がデジャ・ブを体験しているのだから、人の心はそもそもそういうものであると思ったほうがいいのかもしれない。

## 茶柱が立つと縁起がいい、は誰が言い出した？

日本では、番茶が庶民に普及した江戸時代から、朝茶・四つ茶・八つ茶と小休止の間食に熱いお茶を添える習慣をつづけてきた。

中国から伝わったというチャノキが、この時代には日本各地に広まり、京都・宇治《うじ》のような名産地が生まれていた。そしてまた、九州の八女《やめ》と並んで駿河《するが》も茶どころとして知られるようになっていた。

駿河つまり現在の静岡県から「茶柱が立つとよいことがある」という俗言が広まったのだという。

宇治茶に代表されるような高級な玉露は、チャノキの新芽の一番よい葉を摘んで作られる。ぬるめのお湯で香りとコクを楽しむものだ。

しかし、チャノキは生長して次の葉を出すから、これを摘んで作るのが二番茶である。生長しているぶん、葉だけでなく、茎まで混じってしまうのが特徴だ。

ある駿河の茶商人が、よいお茶から売れてしまい、二番茶が売れ残るのを案じた。

そこで彼は、「茶柱が立つと縁起《えんぎ》がよい」と、二番茶を淹《い》れたときに茎が湯飲みに出てしまう欠点を逆手にとって触れ回ってみた。

するとこれがあたって、二番茶が飛ぶように売れ始めたのだと伝えられている。本人に意識があったかどうかは別にして、見事な宣伝戦略に、顧客たちはかつがれたというわけだ。

縁起がよいとされる内容は、各地に広まるうちに「子どもができる」とか「手紙が届く」など具体的になっていき、「人に気づかれないうちに飲み込む」「すくって左袖《そで》に隠す」といった幸運をつかむ方法や、「茶柱の立ったことを人にいうと幸運が他人に移る」というようなことまで語られるようになる。

茶柱が立つのは、番茶は熱い湯でさっと淹れるため、茶葉が広がる間がなく注がれてしまうため、ということがいまではわかっているが、やはり縁起はかつがれつづけているようだ。

## おへそのゴマを取ると、お腹が痛くなるのはなぜ？

「おへそのゴマを取っちゃいけません！　お腹が痛くなるわよ」

そんなことをいわれた経験があるのでは？

なぜおへそのゴマを取るとお腹が痛くなるかといえば、おへその裏側がすぐに腹壁《ふくへき》につながっているため。普通は皮膚の下に筋肉や脂肪があるが、おへその穴の部分はへその緒の一部が腹壁の中に入りこんだだけなので、それがない。つまり、皮一枚隔てた向こうはそのまま内臓というわけなのだ。

だから、刺激に対してはとっても敏感。ゴマを取ろうとして指を突っ込んだりすれば、それがダイレクトに伝わって、お腹が痛くなるのだ。

ちなみに、おへそのゴマは、古くなった皮膚の角質層に油脂分が混じり、さらにゴミが加わったもの。

もしも、掃除するなら、油などでゴマを柔らかくしてから、そっとふき取るようにすること。指をこじ入れたりして無理やり取るのは禁物だ。

## 多少の音痴でも、風呂場で歌うとうまく聞こえるのはどうして?

カラオケがいまやすっかり社会に根づいたので、エコーをかければだれでも歌がうまく聞こえることは、みんなよく知っている。

お風呂に入って歌を歌うと、われながら聞きほれるのは、このエコーのおかげ。機械的な操作がなくても、バスルームの構造そのものが、音を響かせ震わせることになるのだ。

なによりバスルームは、スペースが狭い。水漏れしないようドアもぴったり閉まる密閉状態だ。しかも壁はタイルや新建材などで音が吸収されにくい。これらが、エコーを生み出してくれる仕掛けとなる。

まず、人が声を出せば空気の振動が起こり、それが聞こえてくるわけだが、直接その振動が耳に届くほかに壁や天井に反射した音も聞こえる。

これが残響を大きくする。残響とは、音源が音を出さなくなっても空気の振動が続いている間は音が聞こえること。もし布製のカーテンや畳だったりすると、吸収されてすぐ消えてしまう残響も、バスルームではあちこちに反射していつまでも続くことになる。

風呂場＝エコー装置と考えればわかりやすい。

## 酢を飲みつづけると体はふにゃふにゃになるのか？

「酢は体を柔らかくする」といわれている。たしかに、南蛮《なんばん》漬《づ》けなど酢に漬け込む料理にすると魚の骨はとても柔らかくなり、骨まで丸ごと食べることができる。

しかし、それだけ効果絶大ということは、酢をたっぷりとり続けると、人間の骨だって、魚同様にふにゃふにゃになってしまうのか？　酢は体にいいとはいわれているが、いくらなんでもふにゃふにゃは困る。

まさか、そんなことがあるわけがない。そもそも酢によって魚の骨などが柔らかくなるのは、酢にカルシウムなどのミネラルを溶かしやすくするという作用があるからだ。

この事実は、ミツカン本社中央研究所が、東北大学、京都府立大学と行なった共同研究によって科学的に検証している。

シジミを、ただの水と、五%の酢の入った水で煮て一〇〇ミリリットル中の煮汁に溶け出したカルシウムを含むミネラルの量を比べたところ、酢で煮たほうが、水で煮たのに比べて四・四倍ものミネラルが溶け出していたのである。

だからといって、口から酢を摂取して、消化して体外へ出す程度の短期間でカルシウムが溶け出すことはない。万が一、人間が酢のなかに長時間浸かっていたならば、魚と同じように骨が柔らかくなる可能性があるとはいえるが……。

## ミネラルウォーターは本当に体にいいの?

近年、市販のミネラルウォーターの需要が高まっている。

ミネラルウォーターとは、文字どおりカルシウムやマグネシウムなどのミネラル分、および二酸化炭素を含んだ水のこと。

ミネラルウォーターか否かの判定は、国によって基準が異なり、日本においては、ミネラル分が豊富に含まれていれば、水道水でもミネラルウォーターと呼んでもいいと、法律上は解釈できる。

たんに「地下から汲み上げた自然な水」なら、ナチュラルウォーター。日本産ミネラルウォーターは、衛生面を考慮して、過熱したり殺菌することが許されているので、そういう意味では水道水と変わりないといってもいい。

しかし、水道水は水源の汚染が進んだため、殺菌や浄化作用を考えて塩素が投与されている。これがいやな臭みの原因となる。また、塩素は有害な活性酵素を発生させることもある。そこで、塩素を含まない市販のミネラルウォーターに人気が出たのだ。

さて、ミネラル分を含む水を飲むと、体にどんな効能があるのか。カルシウムやマグネシウムは、たしかに丈夫な骨や歯をつくるために必要な栄養素。マグネシウムには心臓や脳の血管が細くなるのを防ぐ作用もある。

市販のミネラルウォーターには、ミネラル分の含有量が表示され、硬度という項目もある。日本では硬度一七八未満を軟水、三五七以上を硬水と分類していて、日本の水のほとんどが以下の軟水に属する。硬度によって味わいが異なり、ミネラル分が豊富なほど味は硬くてしつこい。算出する計算式はカルシウム量×二・五＋マグネシウム量×四・一。

ただし、ミネラルウォーターからだけでは、健康維持に十分なカルシウムやマグネシウムを補充することはできないので、依存しすぎることは禁物だ。

第5章

# 「ウソッ!」とつい疑いたくなる!衝撃雑学

## 食用や薬用に利用されてきたゴキブリの数奇な運命とは

ゴキブリといえば、台所の嫌われもの。そのゴキブリを食用や薬用にするといえば、驚く人が多いだろう。

ゴキブリは三億年も前に地球上に登場し、落ち葉や朽《く》ち木などを食べ、糞《ふん》は土に還って植物の栄養となる。このような形で、生態系に関わってきたのである。

近年になって、ゴキブリの皮膚からは、殺菌作用のあるフェノールやクレゾールが分泌《ぶんぴつ》されているということがわかってきた。

ゴキブリが不潔な昆虫として見なされるようになったのは、下水などをはいまわってから台所に上がってくるようになったためで、人間の文明が原因といえる。とくに日本でこんなにゴキブリが多くなったのは、家屋に暖房が入り、冬でも家の中が暖かくなった戦後になってからである。

そのため、昔はゴキブリに「不潔な虫」というイメージはあまりなかったし、今日でも外国ではそれほど嫌われておらず、食用や薬用にされてきたのだ。

なんと、二〇世紀の初め頃まで、イギリスの船員たちは船内をはいまわるゴキブリを捕らえ、貴重なタンパク源としてきたという。また、タイの少数民族の間では、揚げたゴキブリが子どもたちの好物になっているようだ。

魚のしっぽか小エビのような味がするというが、調理法によっては匂いがきついともいわれる。

薬用としても、世界各地でさまざまな用いられ方をしており、効用は万病におよんでいる。中国では、血管拡張や神経痛の薬、梅毒《ばいどく》の薬などの原料にされてきたし、昔のヨーロッパでは心臓薬の原料とされ、日本では、油で揚げてからすりおろしたものが喘息《ぜんそく》に効くとか、霜焼《しもや》けの軟膏になるといわれたこともある。

## ノルウェーの海岸線をまっすぐ伸ばせば、なんと地球を半周！

フィヨルドで名高いノルウェーの海岸。世界でもっとも複雑に入り組んだその海岸線の全長を測ってみれば、なんと、約二万一三五一キロ。地球を半周してしまう長さだ。

この「フィヨルド」という言葉はノルウェー語に由来し、日本語では「峡湾《きょうわん》」と訳されることもある。ノルウェーのほかでは、グリーンランド、アラスカ、チリやニュージーランドの南部などで発達した地形だ。

氷河時代、これら高緯度地方の海岸では、山地に発達した氷河が海に向かって押し出され、岩石を削って深い氷食谷をつくった。大規模な氷河の末端は、海岸に達しても厚さが一〇〇〇メートルにもおよび、海面下まで氷食が行なわれた。

やがて氷河期が終わると、氷がとけて海水面が上昇。氷食谷の一部が海面下に沈み、細長く入り組んだ入り江となったものが、フィヨルドである。

ノルウェー最大のフィヨルド、ソグネ・フィヨルドは、幅五〜一〇キロで、外洋に面した入口から最奥までの長さはなんと、一八〇キロにもおよぶ。さらに最深部は水深一三〇八メートルもの深さで、かつて、厚さ二〇〇〇メートルの氷河が海面に達して形成されたものといわれている。

## びっくり！ゴビ砂漠の黄砂はたった一日で日本にやって来る

春先の日本の空、というより空気を黄色く染めてしまうことがあるのが黄砂《こうさ》である。東日本よりも西日本で比較的多く見られる。

その正体は、偏西風《へんせいふう》に乗って飛んできた砂塵《さじん》で、ユーラシア大陸の乾燥地帯や黄土《おうど》地帯から飛来してくる。ゴビ砂漠や、遠くはタクラマカン砂漠を旅して、途中の中国や韓国で止まらず、日本までたどりつく。

このゴビ砂漠の砂は、強風に巻き上げられて上空の偏西風に乗るが、日本までの飛行時間はたったの一日。タクラマカン砂漠からでも、二日もあれば十分という報告もある。旅の途中、眼下に長江《ちょうこう》（揚子江《ようすこう》）や万里《ばんり》の長城《ちょうじょう》をゆっくり見る暇もないことだろう。

そのためだろうか、日本では飽き足りず、遠くハワイやアラスカまで飛ぶ砂塵もあるという。

ユーラシア大陸内部地帯に広がる砂漠や乾燥地帯の砂は、直径が五～五〇ミクロンという細かさで、冬の乾燥期に乾ききって軽くなり、中国北西部に発生する低気圧のために上昇気流に乗る。その高さは五〇〇〇メートルから、高いときは一万メートルに達する。まさにジャンボジェットが飛ぶのと同じ程度の高度である。

ただ、スピードはジェット機ほどではない。上空を流れる偏西風の速度は秒速五〇メートルほどであり、時速では一八〇キロとなる。日本までの距離を四〇〇〇キロほどと考えると、確かに一日で飛ぶ計算になる。

こうして飛んでくる砂塵で洗濯物に染みができたりすることもある。

ただし、黄砂はアルカリ成分であるため、酸性雨が中和されるという利点が一方ではある。

## 茶会の後にワインパーティを開いた戦国武将って誰？

日本人がワインを飲むようになったのは、いつ頃からであろうか。

幕末の開国以降？　いやいや、もっと早い。ワインは室町時代末期、南蛮《なんばん》文化とともに日本にもたらされたものだ。一五四九（天文《てんぶん》一八）年、フランシスコ・ザビエルが山口の大内義隆《おおうちよしたか》に贈ったのが、ヨーロッパワインの導入のはじまりといわれている。

さらにその後、茶人・神谷宗湛《かみやそうたん》の日記で、一五九七（慶長《けいちょう》二）年二月九日に、石田三成《いしだみつなり》がワインパーティを開いたという記述がある。この日の夜、三成は、伊達政宗《だてまさむね》や小西行長《こにしゆきなが》らを招いて茶会《ちゃかい》を催した。茶会の後、会話を楽しんだりさまざまな茶の道具を披露《ひろう》したとき、長崎より到来したワインを供したというのである。

三成だけでなく、織田信長《おだのぶなが》・豊臣秀吉《とよとみひでよし》・徳川家康《とくがわいえやす》をはじめ、戦国末期の武将たちの間でワインは珍重《ちんちょう》された。一六〇八（慶長一三）年に藤堂高虎《とうどうたかとら》が家臣に与えた自筆の書状にも、「なんはんのさけ」を念入りに保管しておくようにという注意書きが見える。

また、家康の死後、水戸《みと》・尾張《おわり》・紀伊《きい》の御三家《ごさんけ》などに分配された遺品の受取帳の写しにも、「一六貫《かん》四百目　ぶどう酒」という記載がある。

当時、ワインは、珍しくて貴重な舶来《はくらい》の飲み物として扱われたのだろう。

さらに江戸時代の元禄期《げんろくき》（一六八八～一七〇四）になると、最初の国産ワインも造られたようである。

## マラソンの世界最長記録は、五四年八か月六日五時間三二分二〇秒三！

マラソンの世界では、一秒でも記録を縮めるために選手たちが挑みつづけている。では逆に、ゴールまで最も時間がかかった記録はどんなタイムだろうか。

驚くなかれ、何と半世紀以上もかかっている。記録したのは日本の金栗四三《かなくりしそう》氏だ。明治末から昭和まで活躍し、マラソンの普及に力を尽くして「マラソンの父」と呼ばれた人物である。一九二〇（大正九）年には第一回箱根駅伝を実現させた人物でもある。

彼は、一九一二（明治四五）年開催の第五回オリンピックのストックホルム大会をめざして国内予選会に出場したとき、当時の世界記録より二七分も短いタイムで優勝し、期待を担ってストックホルム大会に出場した。

ちなみに、日本人がオリンピックに出場するのはこの大会が初めてのことだ。だが、マラソン当日、ストックホルムは猛暑に見舞われ、六八人の選手のうち三四人が途中で棄権。金栗氏も二六・七キロ地点で日射病に倒れ、棄権せざるをえなかった。

ところが、彼の棄権はなぜか主催者に報告されず、「行方不明」という処理のされ方になってしまった。

その後も彼はマラソン選手として活躍したが、一九六七（昭和四二）年、ストックホルムで「オリンピック五五年祭」が催され、スウェーデンオリンピック委員会より招きがあった。このとき金栗氏は七五歳になっていた。

この行事で彼は、用意されたゴールの手前から少し走ってゴールイン。同時に、「日本の金栗、ただいまゴールイン。タイム、五四年八か月六日五時間三二分二〇秒三、これをもって第五回ストックホルムオリンピック大会の全日程を終了」というアナウンスが流れたのである。

オリンピックの記録には、棄権はあっても行方不明はないので、書類上はその後も延々と走り続けていたということになるのだろう。

## 大阪名物・たこ焼きは、実は大阪生まれではなかった？

大阪名物の中でも代表格の一つが「たこ焼き」である。外はこんがり、中はトロトロ、そこに大粒のタコがドーンと入った大阪のたこ焼きは、大阪人が自慢するのにふさわしいB級グルメである。

でも、じつはこのたこ焼きの出身は大阪ではなく、お隣の兵庫県の明石《あかし》市なのである。

大阪のたこ焼きのルーツは、昭和の初め頃に売られていた「ラジオ（ラヂオ）焼き」だ。水溶き小麦粉に、ネギやショウガ、コンニャク、天かす、キャベツ、牛肉のミンチなどを入れて焼いたものである。

「ラジオ焼き」との名前がついたのは、これを売る店先に、当時はまだ珍しかったラジオが置いてあったからだとか、近くに「ラジウム温泉」という名の大人気の浴場があったので、その名前にちなんでラジウム焼きとしたのが、いつのまにかラジオ焼きと呼ばれるようになったなどの説があるが、確かなことはわかっていない。

そのラジオ焼きがたこ焼きになったのは、ラジオ焼きの中に入れていた牛肉の価格が急騰したことがきっかけだ。

店主が困っていたところ、ある客に、「明石ではタコを入れてるで」と教えられ、これを真似したところ、味も食感もいい。

こうして、ラジオ焼きはたこ焼きに生まれ変わり、大いに人気を博したのだ。

一方、たこ焼きのヒントとなった「明石焼き」は、卵の黄身を使って丸く焼いたオムレツのようなもので、中にタコが入り、ダシ汁につけて食べる。明石焼きも関西では人気が高く、明石焼きの専門店もたくさんある。

## ラグビーボールが楕円形になったのは元の素材がそうだったから

スクラム、タックルなど、球技の中では格闘要素が多いために、男らしいスポーツといわれるラグビーは、このゲームを考案した学校の名からついたものだ。イギリスの「ラグビー校」である。

この学校の学生の一人が、フットボールのゲーム中に、ついボールを持って走ってしまったことから、「それもおもしろい」と、ゲームのルールができていったという。

ただボールは、それまでフットボール用のものをそのまま使っていたので、持って走るには重すぎた。

そこで、学生たちは学校の前にあった靴屋の主人に、軽いボールの製作を依頼した。革靴が作れるなら、ボールだって作れるだろうというわけだ。

職人気質の強い主人が、学生の希望に沿うようにあれこれ試作すると、豚の膀胱《ぼうこう》をチューブに使うといいことがわかった。

ところが、豚の膀胱に空気を入れるとどうしても楕円形《だえんけい》になってしまう。上を皮で覆って縫い合わせてみても、形が矯正《きょうせい》できない。結局そのまま楕円形のボールがゲームに使われることになったのだった。

これが、かえってよかった。楕円のボールは、蹴ったときの回転、落ちたときのバウンドなどが不定のため、ゲームをいっそう面白くしたからである。

いまラグビー校のそばにあるスポーツメーカー、ギルバート社は、その靴職人ウィリアム・ギルバートに由来するもので、「ギルバート・ラグビー博物館」を併設している。

## かつて女性のローマ法王がいたってホント？

カトリックの世界で最高の権威を持っているのがローマ法王。歴代のローマ法王はすべて男性というのが世間の常識だが、じつはかつて女性のローマ法王がいたというのである。

その女性法王が登場したのは、九世紀のころ。ちょうど九世紀の終わりから一一世紀の半ばまでの約一五〇年間は、ローマ法王の地位をめぐって争いが絶えなかった時期である。そんな混乱の初期に在位したといわれるのが、女性法王ヨハネ八世だ。

一四七九年にバチカンの司書バルトロメオ・サッチが書いた『法王列伝』では、八四七年から八五五年まで法王を務めたレオ四世に代わって法王の座についたヨハネ八世は、男性ではなく女性だったとされている。

その記述のもとになったのは、どうやら一一世紀の博学者マリアヌス・スコトウスの「レオ四世のあと、ヨハンナという女性が二年五カ月と四日のあいだ法王の座についた」という言葉にあるらしい。

この話は、その後、プロテスタントや反教権主義者たちを大いに喜ばせ、芝居などのテーマにもなった。

そこに描かれた女性法王ヨハンナとは、イギリスの聖職者の娘。一二歳でドイツの修道院にはいったが、若い修道士と駆け落ちしてギリシアへ行き、男装して学問を学び、やがて出世を重ね、八五五年にローマ法王に選出されたという。

ところが、在位中に女児を出産したことから女性であることが発覚し、馬の尾につながれてローマの外に追放されたとも、お産の後遺症で死んだともいわれている。

女性法王についていては、一六世紀の末まで何度も取り上げられ、もっともらしいウワサまで流れた。新しくローマ法王が選ばれると、ラテラノ宮殿のチャペルに置かれた底に穴のある椅子に座らされて、性別チェックを受けるというのである。

はたして、真実はどうなのだろうか。

じつはレオ四世のあとに法王の座についたのは、のちに反法王として歴史から消された人物である。

また、ヨハネ八世という法王は実在したが、その選出は八七二年で、敵が多かったために最後は毒殺されたとされる。

もっとも、この法王が女性だったという証拠はなく、ヨハンナの法王説が真実だった可能性は低いようだ。

## 人間の第三の目「松果体」は体内時計を管理していた

脊椎《せきつい》動物ならばみな目は二つ持っているが、ニュージーランドに生息するムカシトカゲは、頭のてっぺんに「頭頂眼《とうちょうがん》」と呼ばれる三つ目の目を持っている。

ムカシトカゲはかなり原始的な爬虫類《はちゅうるい》なので、退化せずに表面に残ってしまっているだけで、じつは人間もこの「第三の目」を持っている。

ただし、この「目」は脳の一部に痕跡が残るだけで、「松果体《しょうかたい》」と呼ばれ、哲学者デカルトが「魂《たましい》の座」と呼んだともいわれている。

この第三の目は、仏教美術などで額の中央に描かれていることでも知られる。ということは、松果体の正体が何であるかわからないまま、その存在は知られていたことになる。

この松果体は「目」とはされているものの、実際に何かを見るのではなく、ヒトの体内時計をコントロールする役目をはたしている。

脳の中心部分にある視床下部《ししょうかぶ》の神経細胞から、光を浴びたという信号が送られてくると、松果体はホルモンを分泌し始める。

これが時計ホルモン「メラトニン」で、夜の間に生成されていたものが体中にいきわたり、朝、明るくなると私たちははっきり目を覚ますことができるのだ。

ヒトが本来持っている体内時計は二五時間といわれている。そこで、光を浴びないと松果体への信号が送られず、メラトニンの分泌がないため、いつまでも寝ぼけた状態がつづくということも起こる。

朝いちばんに寝室のカーテンを開けると、なんだかスッキリした目覚めを感じるのも、メラトニンをせっせと分泌する、この第三の目のおかげである。

ただしメラトニンは、夜間の光の弱いときにしか生成されないため、夜通しクラブで遊んで明け方ようやく外に出て朝日を浴びたとしても、スッキリさわやかな時間に体内時計が合わせてはくれないだろう。

メラトニンはまた、思春期や老化の訪れにも深い影響をおよぼすことがわかっている。

## 四〇〇年間にうるう年は一〇〇回ではなくってなぜか九七回！

二月が二九日まである「うるう年」は、四〇〇年間に何回あるかご存知だろうか。「四年に一回だから、四〇〇年なら一〇〇回だろう」という答えが返ってきそうだが、じつは九七回しかない。

じつは、四年に一回といわれているうるう年には例外が設けられている。西暦年数が一〇〇で割り切れる年は、二月が二八日までの平年となる。そのまた例外として、西暦年数が四〇〇で割り切れる年は「うるう年」とされているのだ。

うるう年の周期がなぜこんなにややこしいのかというと、もともとうるう年は、地球の公転周期と暦を一致させるために設けられたからだ。

正確に観測した地球の公転周期は三六五・二四二二日。一年が三六五日ずつだと、四年で約一日（〇・二四二二日×四＝〇・九六八八日）のズレが出る。

そこで、四年に一回うるう年を設けることになった。しかし、一日に足りない日（〇・九六八八日）を一日としてしまうので、うるう年のたびに〇・〇三一二日分を余分に調整してしまうことになる。そこで、うるう年一〇〇回分（四〇〇年）で三日強（〇・〇三一二×一〇〇＝三・一二日）になるため、四〇〇年間に三年は平年として調整する。その調整する年を一〇〇で割り切れる年としたのである。

ところが、一〇〇年ごとに毎回平年としてしまうと、四〇〇年で四日調整することになる。

四〇〇年で三回でいいわけだから、四〇〇年のうちの一年をうるう年としてさらなる調整をすることとしたのだ。その調整年が四〇〇で割り切れる年なのだ。

## 目のないナマコが光を感じていたのはなんと肛門！

調理されたものを食べればおいしいが、あの生きたままの姿を見ると、グロテスク以外のなにものでもない。最初に食べてみようと考えた人はえらいし、酢に合わせてみようと思った人はもっとえらい！

ナマコのことだ。またコノワタはナマコの腸のことで、珍味として人気が高い。

ナマコは、あのゴロンとした胴体の中をコノワタとなる消化器官が通り、一方の端が口、反対の端が肛門《こうもん》である。海底生活をしているので、あまり必要ないせいか目がなく、脳も未発達である。

目がないとはいえ、ナマコは夜行性で、夜になるとエサを探して海底をはい回る。ということは、海水を通してさしこむ日の光を感じており、日没がわかるということだ。いったいどこで明るさを判断しているのだろうか。

実は、それが肛門なのだ。食べたエサを消化して出す部分だから、仮に肛門と呼んだが、正しくは総排泄腔《そうはいせっこう》。目の代わりに光を感知する光受容器がそのまわりにあって、いわばこの部分がナマコにとって最重要器官にあたる。

ナマコは、日中は顔のほうから海底の砂に頭をつっこんでいるが、出した総排泄口付近は光を感知するほか、呼吸器にあたるものもあって、新鮮な海水を取り入れながら呼吸しているのだ。

## 大正時代に一七種類もの昆虫を食べていた県っていったいどこ？

日本では、貴重なタンパク源としてイナゴは身近な食物であった。

日本人はもともと昆虫を好んで食べていたようで、大正時代の調査では、四一都道府県で昆虫が食べられており、その内容は、ハチ類一四種、ガ類一一種、バッタ類一〇種などで、全部で五五種類にもおよんでいた。

その中で、とくに昆虫好きだったのが長野県である。大正時代の調査当時に長野県で食べられていた昆虫の種類は一七種類と、全国一位だった。

長野県の昆虫好きは、いまもつづいている。長野県の居酒屋では、スズメバチの子やザザムシ（川虫の一種）の佃煮《つくだに》を出す店もあるし、サワガニやゲンゴロウ、イモリの黒焼、コオロギの丸煮など、ほかの地方では今や食べることが少なくなった昆虫を、好んで食べる人もいるようだ。

カイコのサナギの佃煮は「絹《きぬ》の雫《しずく》」、唐揚げは「絹の花」という名前で市販されているし、ハチの子の缶詰は、アメリカにも愛好者の多い人気商品となっている。伊那《いな》地方では、生きたイナゴを売っており、調理法も教えてくれる。

さらに、昭和三〇年代には、セミの幼虫の缶詰が、年間三〇〇〇～一万個も生産されていた。

当時、大量のセミの幼虫が樹木の根の樹液を吸うために、県内の樹木が枯れるという現象が起こり、ならば食用として商品化すれば一石二鳥だと考えたのである。

害虫が大量に発生すれば、単に駆除しようと考えるのが普通だが、食用の缶詰にして売ろうと考えるあたりに、昆虫との距離の近さを感じるだろう。

しかも、この缶詰は七年ぐらいで発売中止となったが、理由は、売れなかったからではなく、幼虫が少なくなってしまったからという話が伝わっている。

## 奈良時代、中国渡来の箸を日本に広めたのは誰もが知ってるあの人？

箸《はし》は日本人にとって欠かせない食事の道具である。

そのため、日本人は昔からずっと箸で食べていたというイメージがあるが、じつは、箸を使うようになる以前は、手づかみと匙《さじ》で食事をしていた時代があった。

弥生時代や古墳時代の遺跡から木製の匙が見つかっており、弥生時代の人はすでに匙を用いていたようである。

古くは匙のことを「カイ」と呼んでいるところから、初めは貝を用いていたのが、やがて貝をまねて匙を作るようになったのだろうといわれている。

日本で初めて箸による食事を採用したのは聖徳太子《しょうとくたいし》だったといわれる。太子は六〇七（推古《すいこ》天皇一〇）年に小野妹子《おののいもこ》を大使とする遣隋使《けんずいし》を隋朝《ずいちょう》の中国に派遣し、翌年、遣隋使は隋からの使節を伴って帰国した。そこで困ったのが食事作法である。

遣隋使一行は隋で箸と匙をセットにした食事作法を経験しており、日本式の食事作法では隋の使節に野蛮と思われてしまう。

そこで太子は、使節より先に小野妹子を宮廷に呼び、隋の食事作法をくわしく聞いて、隋と同じ食事作法で使節一行を饗応《きょうおう》したのである。

このときの使節の見聞をもとにした中国側の記録によると、日本の民衆は柏《かしわ》の葉を皿代わりにして、手で食事をしていたという。七世紀初め、一般民衆はまだ手づかみで食事をしていたことになる。

この聖徳太子の時代以降、箸はしだいに食事道具として定着していったようだ。

ちなみに、食事の後に割り箸を折る人がいるが、これは、使った箸はその人と霊的に結ばれるという信仰と関係がある。

外食した後、箸が他人に犯されて自分に災いをもたらさないよう、箸を折って箸の霊力を失わせるという呪術的な習俗から来ているそうだ。

## おしゃれなイメージのラクロスだが、もとは死者まで出した過激な格闘技！

棒の先に網の付いたスティックを使い、ゴム製のボールをパスし合いながらゴールをめざすラクロス。何となくおしゃれなイメージのある球技だが、そのルーツは意外なところにあった。

ラクロスは、もともと北米先住民の間で行なわれていた格闘技。彼らは、一メートル前後の棒を操りながら、木や鹿皮《しかがわ》に鹿の毛を詰めたボールを追い、部族同士の戦いや狩りに必要な体力、忍耐力、勇気などを競っていた。これは、部族間の共有意識を高めるためにも大切な競技だった。

ただし、なんといっても格闘技であり、その競技は過激だった。この競技を初めて目撃した一七世紀半ばのフランス人開拓者たちによると、一チームは一〇〇人以上からなり、木や石などがゴールとして使われ、その間の距離が数キロも離れていることがあった。そして広大な原野を舞台に二、三日間にわたって繰り広げられ、時には死者まで出たという。

アメリカ独立戦争後、この競技はカナダの先住民たちによってルールなどが整備され、やがて現在のような形へと変化した。

ちなみに「ラクロス」とは、使われるスティックがフランスのカトリック司祭《しさい》の持つ杖《つえ》「CROSSE」に似ていたことからつけられたもの。

昔に比べてずいぶんおとなしくなったラクロスだが、それでも「地上で最も早いスポーツ」と呼ばれているところに、かつての格闘技の名残《なごり》がある。

## グリコのマークのお兄さんにはモデルがいたって知ってる？

グリコのマークといえば、マラソン選手が両手を上げてゴールするスタイルを描いたもの。大阪の道頓堀《どうとんぼり》には、大きなグリコの電光看板があり、二〇〇二（平成一四）年のワールドカップのときには日本代表のユニフォームを着たし、翌年に阪神タイガースが優勝したときは、タイガースのユニフォームを着て話題になった。二〇一四（平成二六）年にはLED照明を採用した六代目の看板がお披露目され、大阪のシンボル的な存在であり続けている。

そのグリコのお兄さんのモデルは、じつはフィリピン人と日本人である。グリコが「一粒三〇〇メートル」というキャッチコピーで一九二二（大正一一）年にキャラメルを売り出すことになったとき、前年に開催された第五回極東競技大会（現・アジア大会）で、フィリピンからマラソンに出場したカタロン選手をモデルにした。

カタロン選手はその力強い走りで、当時ちょっとしたスターだった。しかも、スポーツ選手のさわやかさと明るさが、イメージキャラクターにピッタリということで選ばれたようだ。

ただ、ほかにも日本のマラソン王・金栗四三氏らも著名であったので、イメージキャラクターとして誕生したランナーが、カタロン選手だけをモデルにしたわけでもないようだ。

つまり、グリコのお兄さんは、カタロン選手を土台にして作り出されたキャラクターだったようである。

## 燃えて灰になったお札もこれなら復活が可能！

シャツのポケットに、たたんだお札を入れておいたのを忘れて、洗濯機で洗ってしまった。濡れてクシャクシャになっただけならアイロンもかけられるが、端っこがちぎれてなくなってしまった――。

このようなときは、破損、破壊の度合いによって、金融機関に持っていけば新札と交換してもらえる。

たとえば、本当に端っこが少し破れた程度なら、全額が引き換えられる。紙幣の表と裏がきちんとそろい、完全なときの面積の三分の二以上が残っていればよいという基準があるからだ。

三分の二未満でも、五分の二以上が残っていれば、半額に引き換えてくれる。この残存面積による引き換え額の規定は、お札が燃えて灰になっていても適用される。ただし、その灰が、確かにお札のものであることが確認できた場合に限られる。

紙やインクの成分で、お札かどうか、また額面がいくらのお札かを確かめることができるからだ。

万が一火事にあって、額縁の裏に隠しておいたヘソクリが燃えてしまったというような場合は、灰をくずさないよう、額縁ごと日本銀行に持ち込めばよいだろう。灰がくずれていても、できるだけ集めて封筒に入れて持参すれば、交換してもらえる可能性はなくはない。

同じことが硬貨についても決められていて、たとえば薬品がかかって溶けたとか、くっついたというような場合も、新しいものに引き換えてもらうことができる。

## 二〇世紀最高の傑作と名付けられた「二〇世紀梨」のルーツはゴミ捨て場！

二〇世紀梨は鳥取県の名産品として有名だが、もともとの生まれは、千葉県松戸市である。

一八八八（明治二一）年、千葉県松戸の大橋に住んでいた一三歳の松戸覚之助《まつどかくのすけ》少年は、親類の石井佐平《いしいさへい》宅の裏庭のゴミ捨て場で自生している小さな梨の木を発見した。

貧弱なこの苗に興味を持った覚之助は、父が経営する梨園「錦果園《きんかえん》」に移植して、育て始めた。

しかし、この苗は黒斑病《こくはんびょう》という病気に弱く、育てるのに大変な苦労があった。それでも根気よく覚之助が育てたところ、一〇年後の一八九八（明治三一）年にやっと実を結んだのである。

その梨は、予想以上に素晴らしかった。形のよい豊円《ほうえん》で、色は美しい薄緑。食べてみると中は乳白色で、これまでの梨より芯《しん》が小さく、果肉も多い。

口の中にジュワッと広がる水分と甘みがあり、口にかすも残らない。

この梨は、最初、その見た目と味から「太白《たいはく》」と名づけられ、その後、「新太白《しんたいはく》」「天慶《てんぎょう》」となったが、一九〇五（明治三八）年、「二〇世紀を支配する果物の一つ」「二〇世紀最高傑作になるだろう」という意味と願いを込めて、「二〇世紀梨」と命名された。

二〇世紀梨が鳥取に渡ったのは、一九〇四（明治三七）年のこと。一〇本の苗を鳥取の果樹園経営者が覚之助の果樹園から購入した。

その後、鳥取県は、二〇世紀梨の天敵ともいえる黒斑病を血のにじむ努力で克服し、いまでは二〇世紀梨の一大産地となったのだ。

一方、本家本元の千葉の二〇世紀梨は、その後ほとんど栽培されなくなり、国の天然記念物に指定されていた原樹も、一九四五（昭和二〇）年三月の空襲によって被害を受けて枯れてしまったため、松戸・大橋の公園に記念碑が残るだけとなっている。

## 「タイタニック号」の悲劇を一四年前に予知した小説があった！

一九一二年四月一四日、氷山と衝突して北極海の藻屑《もくず》と消えた豪華客船タイタニック号。なんと、この悲劇を予言するかのような小説が、事故の一四年前に発表されていた。アメリカの作家モーガン・ロバートソンが書いた『タイタン号の遭難《そうなん》』である。

タイタニック号とタイタン号。船名も似ているが、それだけではない。この海洋冒険小説に描かれた遭難事故と、現実のタイタニック号の事故は、さまざまな点で、驚くほど似ているのだ。

まず、どちらの船も、処女航海の超豪華客船で、上流階級の紳士淑女を多数乗せて、イギリスのサザンプトンを出航し、アメリカに向かっていた。

タイタン号が全長八〇〇フィート、排水トン数六万六〇〇〇トンなのに対し、タイタニック号は、全長八八二・五フィートに排水トン数七万五〇〇〇トンと、よく似た大きさ。スクリューの数も、どちらも三つで、形態もよく似ている。

そして、どちらも北方航路をとり、北大西洋上のほぼ同じ地点で、同じような速度で氷山に衝突。どちらも船体に大きな穴があいて沈没してしまった。はたしてこれは偶然の一致なのだろうか……。

## 動物好きが高じてベトナムから象を輸入した徳川将軍とは

江戸幕府の八代将軍・徳川吉宗《とくがわよしむね》は実学を重視し、享保《きょうほう》の改革などを実践した幕府中興《ちゅうこう》の祖といわれた人物。西洋の新しい知識や物産に強い好奇心を示し、三代将軍・家光《いえみつ》のときから禁止されていた洋書の輸入を許可している。

また、その一方で動物にも心を引かれ、四代将軍・家綱《いえつな》の時代にオランダから献上された『動物図鑑』がお気に入りの一冊だった。

この本に刺激され、馬の品種改良を試みたり、孔雀《くじゃく》やラクダ、ジャコウネコなどを輸入している。その中で最も有名なのは象だ。

「江戸に象を連れてくる」という大任を依頼されたのは船頭・呉子明《ごしめい》。享保一三（一七二八）年、呉子明は午三十六番東京船の船頭として出発し、翌年に交址（ベトナム）から二頭の象を連れて長崎港へと帰ってきた。

象は七歳のメスと五歳のオスで、日本人にはとても扱えないのでベトナムの象使いが二人、その通訳が二人付き添っていた。このニュースは注進状《ちゅうしんじょう》としてさっそく江戸に伝えられた。

その後、とりあえず長崎の唐人《とうじん》屋敷に置かれた二頭だが、長旅の疲れか環境の変化かメスの舌に腫《は》れ物《もの》が生じ、可哀相《かわいそう》にまもなく死んでしまった。

残ったオス象は、翌年の享保一四年の春に長崎を出発して江戸へ向かった。その巨体の小屋や飼料づくりなどいろいろ大変だったようだが、その中でも笑ってしまうのは京都での出来事だった。

せっかくの象だから、天皇にも見ていただこうというところまではいいのだが、何しろ封建時代のことだから無位無官のものは御所《ごしょ》に入れないという。そこで苦肉の策として、なんと象に「従四位《じゅうしい》広南白象」という立派な官位を与えたというのだ。そのおかげで、四月二八日に中御門《なかみかど》天皇と霊元《れいげん》上皇に象は拝謁《はいえつ》が許された。

その後、東海道を歩き続けた象一行はやっとのことで江戸に到着。江戸っ子たちは仕事を放り出して集まってきて、歓声で迎えたという。もちろん吉宗もこの象を江戸城で見学した。そのあとは諸大名家に連れて行かれたため、あちこちの道が見物人で埋まったという。

同時に江戸は空前の象ブームとなり象を描いた双六《すごろく》や錦絵《にしきえ》、人形などが飛ぶように売れ、『象志』『象のみつぎ』などの本も続々と出版されていった。上野動物園にパンダが来たときよりも騒がしかったことだろう。

## レスリングは白いハンカチを持っていないと失格になる？

試合が始まる前に、レフェリーがマットの中央に両選手を呼び、身体チェックをし、ハンカチを持っているかを確認する。これにパスすれば、両者握手し、笛とゴングが鳴って試合開始となる……。

これは、レスリングの公式試合で必ず見られる光景だ。身体チェックや、握手はわかるが、なぜハンカチが必要なのか。

じつは、これはレスリングの規定で定められているためだ。「選手はワンピースのジャージを着、下にサポーターをすること。足首をしっかりと締めるスポーツシューズを着用すること。そしてつねにハンカチを所有しなければならない」とあり、ハンカチを持っていない選手は、失格となる。

この規定ができたのは、レスリングが近代スポーツとして発展してからのこと。古代オリンピック時代のレスリングは、屋外スポーツだったために、太陽の直射日光を防ぐために、体を滑らかにするために、選手はオリーブオイルを塗って競技に臨むのが普通だった。その上から、汗と油で滑らないように、砂をふりかけていたのだ。

ところが、近代スポーツとなってからは屋内スポーツになったため、土はふりかけられない。

だが、お互いに肌はむき出しだから汗で滑って仕方がない。そこで、汗拭きの布が必需品となったというわけである。

色も白と決められており、吊りパンツの中にハンカチを入れておかなければならない。今度レスリングを見るときは、彼らがハンカチをどう使っているのかも、チェックしておきたい。

## パリの観光名所のエッフェル塔、実は二回も売られていた？

パリの観光名所として知られるエッフェル塔。それがなんと「売却」されたことがあるという。それも二回もだ。

事件の主人公は二〇世紀最初の詐欺師《さぎし》といわれるヴィクトール・ルースティッヒ。一八九〇年に現在のチェコ共和国のホスティンに生まれ、いくつかのでたらめな取引を行ない、一九二〇年ごろにヨーロッパから逃亡してアメリカに渡った。

その彼がアメリカで目にしたのが「エッフェル塔が老朽化して、修理が必要だ」という新聞記事。そこでアメリカで知り合ったワル仲間のコリンズとともに大急ぎでパリに戻った。そして、金属スクラップ業者を集めると、自らを逓信省《ていしんしょう》長代理と名乗って、こういったのだ。

「政府はエッフェル塔の修理があまりにも高くつきそうなので、頭を痛めている。そこでエッフェル塔を取り壊して、スクラップとして売却することに決定した」

エッフェル塔を解体すれば、少なくとも七〇〇〇トンの良質な鉄材が手にはいる。業者がこのチャンスを見逃すはずがない。

それを見透かしたルースティッヒの巧妙な作戦だった。彼は、それぞれの業者に見積書を提出させた。

数日後、彼はある業者に連絡した。

「あなたの入札が最高額だったので、政府はあなたの入札を有利に扱うだろう」

そして、同時に暗に賄賂《わいろ》を要求した。業者はすぐに理解して一〇万ドルを超える札束を渡したのだった。

それを手にしたルースティッヒとコリンズは、予定どおりすぐにウィーンに高飛びした。ところが、新聞に彼らの犯罪の記事はなかった。だまされた業者はあまりに取り乱して、警察に訴えることも忘れていたのだ。

そこで、ふたりは二回目の商売を企《くわだ》てる。パリに戻って、まったく同じ手口でまたしても一〇万ドルの賄賂をせしめたのだ。なんとも大胆な犯行。犯行後、ふたりはまたしても高飛びして行方をくらましたのだった。こうしてエッフェル塔は二度にわたって巨額詐欺のダシにされてしまったのである。

今度は被害者が警察に訴え出たために、もう二度とエッフェル塔売却の商談はできなくなってしまったが、その後もルースティッヒはアメリカで詐欺を重ねた。結局、一九三五年にＦＢＩに捕まると、アルカトラズ刑務所送りになって、そこで、一九四七年に死亡した。

## アルタミラの壁画を発見したのはなんと五歳の少女だった！

遺跡の発見は、富と名誉を得るため、ときには醜《みにく》いまでの激しい争いが繰り広げられることがある。しかし、なんの邪心《じゃしん》もない一般人が、偶然に世紀の大発見をすることもある。

一八七九年、スペイン北部の洞窟で発見された「アルタミラの壁画」は、一万四五〇〇年前の旧石器時代に描れていたことで、世界中をアッといわせた。それを発見したのは、なんと父親に連れられて洞窟を訪れていた五歳の少女だった。

考古学ファンだった父親が、洞窟入り口付近の探索に熱中していたため、退屈した少女が洞窟のなかに入り、天井にウシの絵が措かれているのを偶然見つけたというのである。

狂喜乱舞《きょうきらんぶ》した父親が詳細に調べると、その空間には、ウシだけではなく、シカ、ウマ、イノシシ、オオカミなど、二五頭の動物が描かれていた。

父親は旧石器時代の人々が描いた絵だと公表したが、当初は誰も信じようとはしなかった。それは、あまりにも洗練された様式と、美しい彩《いろど》りで描かれていたためだ。

絵は巧みな技法を用いて描かれていた。岩の凹凸を利用し、動物の頭部や腹部を描いたうえに、赤、褐色《かっしょく》、黄色、そして紫色を駆使して美しい色合いで塗り分けられたこの空間は、「多彩色のホール」や「絵の広間」と呼ばれている。

その後二〇世紀に入ってスペインやフランスで、相次いで洞窟壁画が発見されたことと、放射性炭素測定法を使った年代考証から、アルタミラの壁画の制作者は、一万四五〇〇年前に生きたクロマニヨン人だったことが証明されたのである。

さらにその後の調査で、この絵はひとりの人物によって描かれたものと判明。現代に生きていれば巨匠といっても過言ではない芸術的センスにあふれていると評価されている。

## かつて日本中が夢中になったルームランナーのモデルは拷問用具？

ジョギングは屋外のスポーツだと思い込んでいた人に、衝撃を与えたのがルームランナーである。それは一九五三年のことで、アメリカでモーター付き電動ランニング器が発売されたのだ。

日本へのお目見えは一九七六（昭和五一）年頃で、その後も数々の健康器具が生み出されたが、ルームランナーの人気は衰えることがない。

動くベルトの上をひたすら走るだけという、じつに単純明快なマシーンがここまで売れたのは、まさにアイデアの勝利といったところだが、じつはルームランナーにはモデルが存在していた。

アメリカではルームランナーをトレッドミルと呼び、英和辞典には、「踏み車」「囚人への罰に用いた」とある。

つまりもともとは囚人への拷問用の道具だったのである。

踏み車が生まれたのは一八一七年で、イギリスのブリックストン監獄に初めて設置されたのをきっかけに、あちこちの監獄で採用されていた。

大きな筒の外側にステップがついており、囚人たちは手すりにつかまってステップを踏む。しかし筒は回転するので、延々と歩くハメになるしかけだ。

当時のイギリスの囚人は、一六歳以上なら、全員が最初の三か月間、必ず踏み車をさせられていたようである。この踏み車は二〇世紀に入って旧監獄法が廃止されるまで、ずっと使用されていた。

いまは健康グッズとなった踏み車には意外な過去があったのである。

## 八〇〇〇年前に誕生した現在の富士山は、実は三代目！

長くなだらかな稜線《りょうせん》を見せる美しい円錐形《えんすいけい》。だからこそ、富士山は「霊峰《れいほう》」として信仰の対象にもなった。

しかし登山よりも、遠景のほうがずっとありがたい気がしないでもない。東海道新幹線に乗った日の天気が悪くて姿が見られなかったときの寂寥感《せきりょうかん》、海外から帰国するとき雲間に見える山頂の雪に覚える安堵《あんど》感などはまさにそれで、日本人の心に太古からＤＮＡのように深く染み付いているようだ。

とはいえ、現在の富士山の姿はそれほど古くはない。

七〇万年ほど前に噴火してできた富士山の初代「小御岳《こみたけ》」は、現在の小御岳神社のあたりが頂上だった。ちょうど二五〇〇メートル付近である。

溶岩や火山灰が積もったものが、しだいに風雨に浸食されていったというから、ゴツゴツの山肌はアバタだらけで姿が美しかったとは思えない。

二代目の富士山は八万年前に誕生した。初代の南側が噴火してできた古富士が、初代の上に覆いかぶさるようにして二七〇〇メートルまで山頂を伸ばしたのだ。現在の富士山の新五合目・泉ケ滝《いずみがたき》で、この噴火で消えた初代の火口壁の一部を見ることができる。

この爆発がもたらした泥流《でいりゅう》や火砕流《かさいりゅう》の作った不透水層《ふとうすいそう》は、現在の富士山周辺の湧き水のもととなっている。また関東ローム層も、噴火の火山灰が風に乗って飛び、降り積もって形成されたものだ。

そして一万数千年前、二代目の山頂付近に起こった噴火で、初代も二代目もまとめて覆うように隠してしまってできた山の姿が、いまの三代目富士山なのである。

約八〇〇〇年前に、なで肩のような現在の稜線が整ったとされているが、そのふところには、「先輩」の二つの富士山が火山という形で潜んでいる。

## 西表島の「西」はなぜ「いり」と読むのか

沖縄県で沖縄本島に次いで大きな島である「西表島」。この島の名前は、「いりおもてじま」である。「西表」なのに、なぜ「いりおもて」なのか。

「西」を「いり」と読むのは、沖縄の方言である。沖縄方言では、東は「あがり」、西は「いり」、南は「ふぇー」、北を「にし」という。東が「あがり」なのは、太陽が東から上がるからで、西が「いり」なのは、太陽は西の海に沈むからだ。

与那国島《よなぐにじま》にある日本で最西端の岬・西崎も、「にしざき」ではなく「いりざき」である。この岬も、「西にある崎」だから「いりざき」なのであり、日本で最後に夕日が沈む西崎の夕焼けの美しさは知られるところである。

北を「にし」と読むのは、沖縄以外の人にはややこしい表現だが、沖縄では西は「いり」だから、北が「にし」でも問題はない。実際、北風は「にしかぜ」、南風は「ふぇーかぜ」という。

沖縄の方言は、現在でこそ珍しく感じるが、もともとは本土の言葉と同じものだった。それが別れ始めたのは奈良時代の頃からで、本土と遠く離れた島の中で、独自に発展したようだ。

沖縄では「とんぼ」を「あけづ」というが、これは本土ではすでに使われなくなった死語だし、「いらっしゃいませ」という意味の「メンソーレ」も、「参《まい》り候《そうら》え」が変化したものとの説もある。

まったく違う言葉に思えるが、意味がわかれば沖縄の言葉も、もともとは本土の言葉と同じだったことが理解できるだろう。

## インド人の「カレー」と日本人の「カレー」はそもそもここが違う!

日本で「カレー」といえば、ご飯の上に乗った、とろみのついたものを思い浮かべるだろう。

だが、カレーの本場であるインドやスリランカなどでは、日本で食しているようなカレーは、本来のカレーではない。

インドやスリランカのカレー料理には、確かにターメリックなどが使われているが、各家庭でさまざまなスパイスを調合し、独自のものを作って、料理の味付けをしている。

そのスパイスの総称が、インド文化圏では「カレー」と呼ばれている。

南インドやスリランカで使われているタミル語で、スパイス類で煮込んだものを「kari」といい、それが英語になって「curry」となり、日本へはイギリス経由で伝わったという。

たとえば日本で、そばつゆのベースや炒め物、煮込み汁などに醤油が使われるように、インドではスパイスの混合類(カレー)をベースに、料理がなされている、といえるだろう。

## 「アンデスメロン」の名前の由来は「安心です」？

何といってもメロンは高級フルーツだ。一時代前にはマクワウリという似て非なるものは存在したが、明治時代に日本で栽培されるようになって以来、メロンといえばマスクメロンを指す。しかし現代は、赤肉で名高い夕張《ゆうばり》メロン、マクワウリに似ているが甘みは強いホームランなど、さまざまな種類が登場している。

そんな中の一つが、アンデスメロンだ。夕張メロンが産地の名をつけたものだから、アンデスメロンの「アンデス」も南米の同地方の名前と勘違いしそうだが、じつはこれ、れっきとした日本生まれだ。

マスクメロンは高価で手が出せないという庶民の希望に応えるため、姿や味は同じで手軽に栽培でき、値段も安く売ることができる品種を何とか創出したいと、種苗《しゅびょう》会社が交配実験を繰り返して、一九七七（昭和五二）年に誕生させたものである。

種苗会社では、その新品種の命名のとき、農家の方は安心して栽培できます、消費者の方には安心して食べていただけますという意味で、「『安心です』メロン」を略して「アンデス」と決めたのである。

マスクメロンそっくりにするために、どんな交配がなされたのかは種苗会社の企業秘密。一代雑種なので、栽培したいときは、開発した種苗会社が親アンデスメロンから採取した種子か苗を購入しなければならない。

もともとがアフリカか中近東原産のウリ科の植物が原種とされるメロン類は、みなこの一代雑種のため、食べ残した種を植えても栽培はできない。

## ペットが時として自分の子供を食べてしまうワケは?

子供を産んだペットには、食事は十分与えられているのに、自分の子供を食べてしまうということが時としてある。

どうして大切なはずの自分の子供を食べてしまうのか?

イヌやネコの場合、出産後にヘソの緒《お》を食いちぎるのに失敗して、子供を食べてしまうことがある。イヌやネコの母親は、出産後、ヘソの緒と胎盤《たいばん》を食べて処理するのだが、このときヘソの緒がちゃんと切れていなければ、ヘソの緒を引っ張って食べているうち、子供の体から内臓が出てきて、それを気づかずに食べてしまうのだ。

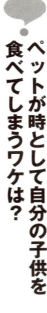

また、ペットに子供が生まれたとき、かわいいからとか、もの珍しいからといって、ひんぱんにのぞいたり、子供にさわったりする行為も原因のひとつになる。

子供を産んだペットは、飼い主である人間も敵と感じ、子供を隠さなければならないとあせり、守ろうとするあまり、子供を食べてしまうことがあるのだ。

これはウサギ、ネコなど、とくに弱い動物に多く見られる現象である。とはいえ、野性味の薄れた最近の飼いネコなどは、飼い主に子供をまかせて平然としていたり、遊びにいってしまう母ネコもいるそうで、すべてのペットにあてはまるわけではなさそうだ。

## アメリカ大統領官邸が「ホワイトハウス」と呼ばれるようになった理由

アメリカ大統領官邸「ホワイトハウス」は、首都ワシントンD.C.北西区、ペンシルベニア通り一六〇〇番地にある。

地上四階、地下二階、東西五〇メートルの白亜《はくあ》の建物は、イギリスのバッキンガム宮殿やロシアのクレムリンなどと比べるとはるかに小さい。

しかも、これでも改築を重ねるうちに大きくなったもので、一七九二年に起工された当初は、木造二階建てで、五〇室程度の小さな建物だった。

初期の建物を訪問した英国の作家チャールズ・ディケンズは「まるでイギリスのクラブハウスのようだ」と言っている。

設計者は、アイルランド生まれの建築家ジェームス・ホバン。コンペに落選した応募者の中には、のちに第三代大統領になったジェファソンもいたという。

この建物に最初に入居したのは一八〇〇年、第二代大統領のジョン・アダムズとアビゲイル夫人だった。だが、「ホワイトハウス」という名称は、最初からついていたものではない。

最初は単純に「プレジデンツ・ハウス」「プレジデンツ・マンション」「プレジデンツ・パレス」などと呼ばれていた。

それがホワイトハウスとなったのは、一八一四年八月、第四代のマディソン大統領の時代に勃発した米英戦争において、英国軍が首都ワシントンを攻撃したのがきっかけ。英国軍は大統領官邸にも火を放ったために内部が焼け落ちてしまった。その修理の際に、内部を真っ白に塗ったため、修復後にホワイトハウスと呼ばれるようになったのだ。

ただし、建築当初から、バージニアで採れる灰白色の石灰岩で造られた建物が周囲のレンガ造りの建物と対照的だったため、そう呼ばれていたという説も一部にはある。

これが正式な名称になって、レターヘッドにも使われるようになったのは、一九〇二年のセオドア・ルーズベルト大統領のときのことだ。

現在のホワイトハウスは、大統領の執務室をはじめ、居住室、国賓《こくひん》などを迎える公式宴会場などたくさんの部屋がある。アメリカの政治の中枢だけに警備も厳重で、ゲートは車で突っ込んでも壊れないほど頑丈になっている。

かつては日曜と月曜を除く毎日朝二時間は見学希望者に公開していたが、同時多発テロ以降警戒が厳重になり、現在は審査を通過した人のみに許されるようになっている。

## 江戸時代以前の朝顔は観賞用ではなく薬用として栽培！

朝顔《あさがお》は日本の夏の朝の風物詩ともいえる花である。小学生の理科の観察に使われることも多く、朝顔は観賞用の花として、とてもポピュラーなものの一つだ。

だが、じつは朝顔は、江戸時代までは観賞用というよりも、薬用として栽培されていたのである。

朝顔が日本に入ってきたのは奈良時代に遣唐使《けんとうし》が持ち帰ったのが最初であるとされる。

当時は「牽牛子（けにごし・けんごし）」という名で呼ばれ日本にもたらされた。

東洋医学では、「牽牛子」は利尿剤や下剤として利用され、のぼせや肩こり以外の、むくみをとる効果もあるとされている。朝顔の種子の中に含まれているフィルピチンという物質が、強力な下剤として働く成分となり、回虫《かいちゅう》や条虫《じょうちゅう》（さなだむし）を殺す作用もある。

「牽牛子」という名は、貴重な財産である牛と交換して手に入れていた種だったことが由来で、イギリスの薬物書にも「カラダナ」というインド名で記載されており、朝顔は古くから薬草として知られたことがわかる。

前述のように、観賞用として栽培されるようになったのは江戸時代からで、それまでの朝顔は、種ばかりが重宝され、花はまったく注目されていなかったことになる。

## まるで国の機関のような日本銀行も、実体は民間の株式会社？

誰もが知っている「日本銀行」（日銀）。だが、その正体については意外に知られていないようだ。

日銀はよく「銀行の銀行」と呼ばれる。「銀行」という名前がついていても、一般の預貯金者や企業を相手にするのではなく、特定の民間銀行を対象に、貸出業務を行なうためだ。

同時に、日銀は金融市場の安定を図るために通貨発行の権限を持つ。誰もが使っている一万円札、五千円札、千円札といったお札はすべて日銀が発行している。日銀はわが国唯一の発券銀行なのだ。

さらに、日銀は公定歩合を決めたり、政府の銀行として国庫管理事務や外国為替事務などの代行も行なう。それだけ経済全体に大きな影響力を持つ銀行というわけだ。

日銀のことを国の機関だと思っている人も多いようだが、実はそうではない。特殊な株式会社で、形式的には民間会社といってもいい。

ただし、その発行株式の五五％は日本政府が保有しているから、政府が大株主の「半官半民の株式会社形式の特殊法人」といったところだろう。

## 江戸時代にはなぜ髭を生やすことが禁止されていたのか

髭《ひげ》を剃《そ》るのは、多くの男性にとって日課となっているが、その歴史は古い。

先史時代の洞窟壁画に早くも髭のない成人男性の絵が描かれているのだ。髭を剃った理由は定かではないが、一説によると、当時は平均寿命が三〇歳前後と低かったので、髭があるのは死期が近づいたことになる。そこで髭を剃ることで死を避けようとしたのではないかという。

時代が下って戦国時代には、髭は強さの象徴として賛美され、戦国武将たちの多くが好んで髭を生やした。

豊臣秀吉は髭が薄いのを気にして、つけ髭を用いたという逸話《いつわ》も残っているし、歴史物の映画やドラマを見ても、戦国武将たちの多くが髭面で登場する。

だが、江戸時代が舞台となる時代劇を見ると、髭面の武士がほとんど登場しない。なぜ、江戸時代の武士は髭を生やさなかったのか。

これは、幕府が戦国の遺風《いふう》を嫌って武士の髭を禁止したためだ。一六七〇（寛文《かんぶん》一〇）年には、四代将軍・徳川家綱《とくがわいえつな》が、老人以外が髭を伸ばすことを禁じる大髭禁止令まで出している。

それでも貞享《じょうきょう》・元禄《げんろく》年間（一六八四～一七〇四年）の頃には、最下級の武士の下郎《げろう》や若衆《わかしゅ》の間で髭がはやり、中にはつけ髭をつけたり、墨で髭を描く者もいた。

幕府はこれをよしとせず、髭を生やした武士を捕らえたので、江戸時代の武士社会から髭は姿を消したのだ。

ただし、あごの先の髭などは、武士以外では大目に見られ、医者などがあご髭を生やすことで職業上のシンボルとした。

明治以降は、欧米の風習をまねて、役人の口髭を皮切りにまた髭が流行した。

さらに明治中期には、髭はその人の職業や性格、顔形に合わせて整えられるようになっていったのである。

## 地球温暖化の原因の一つはなんと家畜が出すゲップやおならだった？

メタンガスは、地球温暖化を促進するガスのひとつである。石油や石炭、天然ガスなどの使用で排出される。

ところが、乳製品や肉など、食生活に欠かすことのできない家畜類も大量のメタンガスを発生させている。草を主食とする牛などの反芻《はんすう》動物は、摂取した草の食物繊維を腸内で消化する過程で、多量のメタンガスを発生させ、それをゲップやおならで体外に排出しているのだ。一日あたりの発生量は、最高で約三六〇グラム。全世界で放出されるメタンガスの総量は、約四億トンにのぼるというから、相当の量が出続けていることになる。実際、大気中のメタンの濃度は、産業革命前の二・五倍になり、毎年、上昇を続けているという。

世界と比較すると、家畜頭数はさほど多くない日本だが、それでも年間に約二八万トンのメタンを排出している。このため、農水省は餌に抗生物質や発酵調整剤を混ぜ、メタンガスの発生を防ぐ方法を検討しているが、肝心の乳量が減るなどのデメリットがあり、実現までには至っていない。

# 第6章

# 好奇心を刺激する！おもしろ雑学

## 「ワライタケ」を食べると本当に笑いが止まらなくなるのか？

キノコには、食べられるものと、食べると中毒症状を起こすものとがある。

毒キノコには、名前もコレラタケ、ワライタケなど、症状が想像できそうなものがあるが、本当のところはどうなのだろう。

コレラタケは、死亡率の高い猛毒キノコで、もとはドクアジロガサという名だったが、食べるとコレラのような激しい下痢《げり》・嘔吐《おうと》・脱水症状などを起こすことから、この名に変わった。

また、ワライタケの毒は神経系統に影響し、興奮状態に陥る。食べると、幻覚があったりお酒を飲んだときのような躁《そう》状態が見られることもあるが、毒性は強いほうではない。

オオワライタケも同じで、食べると大笑いして狂騒《きょうそう》状態になることからその名がつけられた。

過去の事故記録では、まるで酒飲みの笑い上戸《じょうご》のようになり、歩くのも千鳥《ちどり》足状態だったとある。

自覚症状として、視覚が冒されてすべてが赤く見えたり、柱や障子がまっすぐでなくゆがんで動くように見える。

ワライタケは平安時代末期の仏教説話集『今昔物語集《こんじゃくものがたりしゅう》』に「舞茸《まいたけ》」として登場しているが、現在のマイタケはこれとはまったく別のキノコなのでご安心を。

## おならの爆発で死んだ人がいるってホント？

おならは「ガス」である。

成人の場合、約八メートルにおよぶ消化管の中に、少なくとも一〇〇ミリリットル程度のガスがつねに溜まっているようだ。これが容量一杯になり、消化管におさまらなくなると、おならとなって肛門《こうもん》から排出されるというわけだ。

おならの主成分は、窒素や二酸化炭素、メタン、水素、酸素で、全部で約四〇〇種類もの成分が含まれている。

メタンや水素といえば、燃料にもなる成分だから、当然、おならは燃える。それどころか爆発する危険性もある。

アメリカのＮＡＳＡ（米国航空宇宙局）では、研究チームを作って、おならが狭い宇宙船内で爆発したり、中毒を引き起こさないかと、真面目に研究したほどである。

では、本当におならが爆発した事実はあるのかというと、答えはイエスだ。

一九七八年、デンマークで腹部の手術を受けていた青年の腸内にたまっていたガスが電気メスの熱によって爆発。不幸にも青年は死亡した。

日本の場合も、昭和四四（一九六九）年に東京の大学病院で大腸の手術を受けていた女性が、同様の事故に遭っている。この女性は、死なずに助かっている。

こうしたおならの爆発事故は、これまでに全世界で一〇件を超え、そのうちの二件が日本で起きたものだ。

ただ、事故はすべて医療現場での出来事で、肛門から出たおならが爆発したという例はない。

おならは燃えたり、爆発したりするが、肛門から出た途端、空気中に拡散するため、爆発するほどの威力を持たないためだ。

ちなみに、爆発する成分であるメタンや水素は無臭なので、それらが多く含まれているおならほど、さほど臭くない。逆にいえば、臭いおならほど爆発しにくいともいえる。

## 蛍が二〇〇〇匹いれば電気スタンドの代わりになるか？

『蛍《ほたる》の光《ひかり》』といえば、卒業式を始め、さまざまな別れの場面でかつてはおなじみの曲だった。

この『蛍の光』の曲名ともなっている冒頭の歌詞「蛍の光」は、中国の故事をもとにしている。

古代中国の政治家・車胤《しゃいん》は、少年の頃、貧しくて灯油を買えなかったので、夏の夜、蛍を数十匹集め、その光で本を読んで勉強した……という故事だ。

さて、蛍の光で本を読むというのは、はたして可能なのだろうか。

まず、蛍と一口にいっても、種によって光り方が違う。光らない蛍もいれば、光る蛍でも明るさはまちまちだ。

日本の光る蛍の代表格はゲンジボタルとヘイケボタルだが、ヘイケボタルはゲンジボタルよりはるかに小さく、光も弱い。日本で本を読むために蛍を集めるとすれば、ゲンジボタルだろう。

そのゲンジボタルでも、腹部の二センチほど下での明るさは三～五ルクスほどと、意外に暗い。本の上に一匹はわせても、その周囲の文字がかろうじて読み取れる程度だ。

二〇匹ほど集めれば、読みにくいながら、何とか文章を判読できようが、ずっと光っているわけでもないし、それで本を読んで勉強するというのは難しいだろう。

それでも、二〇〇〇匹も集めれば、暗い部屋でもいちおう本を読めるという意見もある。車胤が集めた蛍がどんな光り方をする種か定かでないが、それが実際の話であったなら、数十匹程度の蛍で本を読むのは、相当苦しかったのではないだろうか。

## オーストラリアの首都キャンベラは妥協の産物？

オーストラリア第一の都市はシドニーだが、首都はシドニーから道路距離で三〇〇キロほど離れたキャンベラにある。

「キャンベラ」という名は、先住民アボリジニの言葉で「会合の場所」を意味する。二〇一七年の調査で人口約四一万人というから、日本でいえば宮崎市や岐阜市と同程度で、首都にしては以外に人口が少ない。

このキャンベラは、二〇世紀のはじめまで、ところどころに牧場が点在するだけの荒野だった。それが首都となったのは、激しい首都争いの結果である。

一九〇一年、オーストラリアが連邦制をとることになったとき、シドニーとメルボルンのあいだで、首都の激しい誘致合戦が起こり、なかなか決着がつかなかった。そのため、妥協案として、両都市の中間に首都を建設することになったのである。

一九一三年、アメリカの建築家ウォルター・バーリー・グリフィンの設計で、首都建設がスタートした。シティ・ヒル、キャピタル・ヒルというふたつの拠点から、通路が放射状に延びているのが特徴の都市計画である。

シティ・ヒルは、市民の日常生活の拠点で、市役所、デパート、大型商店などが集まっている。

一方のキャピタル・ヒルは、公共施設の集中地区。連邦議事堂、中央郵便局、外国の大使館など、首都機能が集まっている。

このふたつの中心地のあいだには、モロングロ川をせき止めてつくった人造湖があり、設計者の名をとってバーリー・グリフィン湖と呼ばれている。

一九二七年、連邦議事堂が完成し、正式に首都となって、はじめての議会が開かれたが、人口はなかなか増えなかった。この都市がやっと首都らしくなったのは、第二次世界大戦後のことである。

## 『四谷怪談』のお岩と伊右衛門、実は夫婦円満！

日本の怪談《かいだん》話の代表格といえば、『四谷怪談《よつや》』だろう。四谷で田宮伊右衛門《たみやいえもん》と暮らしていた妻のお岩《いわ》は、夫に毒を盛られ、醜《みにく》い顔に変わり果てて殺されてしまう。

その後、伊右衛門は伊藤家のお梅《うめ》と祝言《しゅうげん》をあげるが、初夜の床にお岩が現われ、恐怖に怯えた伊右衛門が亡霊のお岩の首を切り落とすと、その首は嫁いできたばかりのお梅の生首だった……という怨霊《おんりょう》話だ。

この物語の主人公・お岩は江戸時代に実在した女性で、東京新宿区には於岩稲荷《おいわいなり》田宮《たみや》神社もある。しかし、実際のお岩には怨念《おんねん》のかけらもなかったし、於岩稲荷もお岩を鎮《しず》めるために建てられたものではないのだ。

実際のお岩は、徳川家の御家人《ごけにん》の娘で、伊右衛門は田宮家の養子だった。

二人は仲むつまじく暮らしていたが、禄高《ろくだか》がたった一六石《こく》足らずだったため、生活は困窮する。そこでお岩は商家に奉公《ほうこう》に出て家計を支えた。

するとお岩が日頃から田宮家の庭にある屋敷社《やしきしゃ》を信仰していたおかげで、夫婦の蓄えが増え、田宮家は見事に再興した。近隣の人びとはお岩の幸運にあやかろうと、田宮家の屋敷社を信仰し、これが於岩稲荷となったのである。

お岩が怪談の主人公となったのは、一八二五（文政《ぶんせい》八）年のことである。

亡くなってから二〇〇年以上経っても依然として人気が高かったお岩に目を付けた歌舞《かぶ》伎《き》作家の鶴屋南北《つるやなんぼく》が、お岩の名を使って歌舞伎の物語を作り上げた。

その際、お岩の幸福物語では面白くないと考えた南北が、さまざまな事件をもとにお岩の怨霊話を書き上げたのだ。

現在でも、歌舞伎を演じる役者やスタッフは、必ず事前に於岩神社にお参りをする。これは、お参りをしなければ、怪事件が起こるといわれているからだが、お岩が怒っているとすれば、勝手に怨霊にされてしまったからかもしれない。

## ゴルフとウイスキーの「ショット」はルーツが同じってホント？

ゴルフの本場といえば、イギリスのスコットランドが思い浮かぶ。しかし実は、オランダ南部の「コルベン」という子どもたちの遊びにルーツがあるという説がある。

ただし、コルベンはボールを杭《くい》にあてるゲームで、今日のゴルフのように穴に入れるようになったのは、一五世紀にスコットランドに伝わってからだ。

さて、ゴルフの一打は「ワンショット」という。ウイスキーの一杯も「ワンショット」だが、これについては興味深い話が伝わっている。

かつてゴルフは、何ホールまでプレーするのか決まっていなかった。寒いスコットランドでは、体を温めるためにウイスキーを一ホールごとにグラス一杯（一オンス＝約四二・五ミリ）を飲みながらプレーしていた。やがて一八ホール目にきたときボトルが空になってしまった。

酔っぱらってもう限界だ、というので、一八ホールと決まったというものだ。

そして、これがもとで、ゴルフの一打もウイスキーの一杯も、ともに「ワンショット」といわれるようになった……。

ただし、この話に対しては異説もあり、一一ホールを往復して二二ホールで試合をしていたが、最初の二ホールがおもしろくないので閉鎖し、九ホールを往復して一八ホールでの試合になったという話も伝わっている。

いずれにせよ、スコットランドでは、ウイスキーを飲みながらプレーする人が少なくない。緯度が高くて寒いので、ウイスキーで体を温めながらプレーする習慣となったようだ。

ゴルフとウイスキーの関係は深い。

## 卓球ラケットは、どんなに巨大でも小さくてもOK！

卓球のラケットは、大きさも形も重さも、ほぼ同じである。何か決まりでもあるのだろうか？

じつは卓球のラケットには、ほとんど規定がない。みんながほぼ同じようなものを使っているから、まるで細かく規定があるかのように思われているだけだ。

公式ルールの規定としてあるのは、「ラケット本体が平坦で堅い木製（八五パーセント以上が天然の木）とする」という簡単なもの。

この条件さえ満たしていれば、どんなに小さくても、びっくりするほど大きくても、まったく問題ない。

形も、四角だろうが三角だろうが、もちろん星型やハート型であろうとかまわない。柄の長さも、何メートルあろうが、使う人の自由なのである。

規定でも、「ラケットの大きさ、形状、重さは任意とする」と明確に定めている。

そもそも卓球は、一八九〇年代のイギリスで、テーブルの上で、シャンパンの栓のコルクを丸く削ったボールを、葉巻たばこの箱の蓋《ふた》で打ちあったのが始まりである。

最初がこのようなものだっただけに、その後もラケットに規定は生まれず、テニスラケットのように柄《え》の長いものや、打球面にガットを張ったもの、子羊の革《かわ》を張ったものなど、さまざまな形のラケットが登場し、やがて現在のような木製へと進化してきたのだ。

現在のラケットの形状は、めまぐるしいラリーをこなすために、試行錯誤《しこうさくご》をしながら自然に生み出されたものといえる。

## 国会議事堂の設計には なんと賞金がかかっていた！

日本に内閣制度が発足したのが、一八八五（明治一八）年。翌年には国会議事堂の建設計画が持ち上がったというから、まず形式から入るという日本らしい発想ではある。

議事堂は帝国議会の第一回が開かれる一八九〇（明治二三）年までに建設する予定であったが、財政的に苦しいということになってしまい、以後、議事堂完成までには二転三転の経緯があった。

最初はドイツの建築家に設計を依頼したものの、案ができないうちに計画が頓挫《とんざ》したので、仮議事堂で間に合わせることになる。しかも、その仮議事堂は、以後四回も建てられるのだ。

最初が内幸町《うちさいわいちょう》に建てられた木造洋風二階建てで、第一回議会招集の前日に完成したが開会中の二カ月後に火災で消失した。

次は、日清《にっしん》戦争が起こったため大本営《だいほんえい》が置かれた広島で議会が招集されることになり、議事堂は現地に建設された。これは木造の平屋だったが、両議院のそろった、それなりに立派な建物だったようだ。

そのあと、初代の跡地に再び仮議事堂ができ、公開参観が行なわれるほどの人気となり関東大震災に耐えたのにもかかわらず一九二五（大正一四）年に火事で消失した。

そのときすでに、新議事堂の建設が進んでいたものの議事堂がなければ不便というので、再び仮議事堂が造られる。

その新議事堂というのが、今も偉容を見せる現在のものだが、建築計画が持ち上がったのが一九一八（大正七）年、着工は九年で、竣工《しゅんこう》は世が代わった一九二七（昭和二）年と、長い年月がかかっている。

設計は表公募されたというから、今と同じコンペティション形式だったということになる。二八通の中から選ばれた宮内省《くないしょう》技師への一等賞金は一万円、建築費は当時のお金で二五七〇万円ほどだったという。

完成以後、わが国最初の高層ビルとして知られる霞ヶ関ビルが完成するまで、東京一高い構築物だったというのだからさすがである。

## 「招き猫」の出身地とされる東京の二つの町とは

商店にとって福の神として人気が高い招き猫。右手を上げて（正しくは右前足だが）いるか左手を上げているかで、客を招くか金を招くかが違うなどといわれて、縁起物《えんぎもの》として人気を得ている。

どちらにしろ、客がお金を落としてくれるのだから、客を招こうが金を招こうが同じようなものだが、客商売に限らずご利益《りやく》があるということが、そのルーツを探ると見えてくる。

じつはこの猫、東京生まれであることは確かなのだが、誕生説にはいくつかあり、有力なのは次の二つである。

一つは、お殿様を助けたという東京・世田谷の豪徳寺《ごうとくじ》の猫。

江戸時代初期、彦根《ひこね》藩主の井伊直孝《いいなおたか》が鷹狩《たかが》りの帰りに荒れ果てた貧乏寺の門前を通りかかったときのことだ。

ふと見ると、境内《けいだい》で白猫が手招きをしている。奇妙に思った直孝が猫を追って境内に入ったとたん、雷雨が襲い、さっきまでいた山門に雷が落ちたのである。

直撃を免れたこの藩主は、以後この寺を彦根藩の菩提寺《ぼだいじ》とし、多くの寄進をしたために貧乏寺は見事によみがえり、住職はその猫を終生かわいがったという。

豪徳寺では、この白猫は観音様《かんのんさま》の化身《けしん》だったと伝えられ、現在も招福殿《しょうふくでん》に祀《まつ》られている。

もう一つの招き猫の由来は、東京の下町に窯《かま》のあった今戸焼《いまどやき》にまつわるもの。

こちらで救われたのは貧しい老婆だ。彼女のかわいがっていた猫が夢枕《ゆめまくら》に立って、自分の姿を模した土人形を今戸焼で作って売るように告げ、前足をヒョイと上げてみせたという。

浅草《あさくさ》の近くのこの窯では、日用雑貨を焼いていたのだが、その中に手あぶり用の猫の形の火入れがあった。背中に穴が開いていて、そこに炭を入れて暖をとるものだ。

その技術で招き猫を作って売り出したところ、職人が遊び心で入れた丸〆のマークが金運につながる（丸＝お金を締める）と評判になり、売れに売れたという。ただし、現在でも猫型の火入れは窯元で行なわれているものの、このマークはない。

## アメダスは「雨出す」のダジャレではないその根拠

「アメダスによりますと、関東の山沿い地方では……」と天気予報番組で、気象予報士が降雨確率を予想している。

この「アメダス」というのは「雨が降り出す」とか「雨が降るかどうかの予測を出す」システムのことのように聞こえる。あるいは、気象衛星の一つかとも思うだろう。

しかしこれは、たまたま語呂《ごろ》が合ってしまっただけで、正確にはUNESCO（ユネスコ＝国連教育科学文化機構）やJETRO（ジェトロ＝日本貿易振興会）と同じように、英語表現の省略形をカタカナ表記したものである。

アメダスは、英語のAutomated Meteorological Data Acquisition System（自動的に気象観測データを取得するシステム＝地域気象観測システム）の略語AMeDASに基づくものである。

二番目の単語を二文字にすると、たまたま日本語の「アメ」に通じることに気づいた、気象庁のユーモアもうかがえるネーミングだ。

アメダスの実態は、全国約一三〇〇か所の無人観測所から、電話回線を通じて一〇分ごとに観測結果が送られる自動装置である。

無人ながら、雨で一七キロ四方ごと、風や気温、風向・風速などは二四キロ四方ごとに一か所という密度の濃さで正確を期す。最近は、積雪地帯に積雪深計も設置されるようになった。

実際にテレビなどにこの言葉が登場した一九八三（昭和五八）年頃は、視聴者から「正しく『雨です』と発音しろ」とか、「雨だけじゃなく『晴れだす』はないのか」などという問い合わせがあったという。

## お守りのつもりが世界的に認められてしまった「日の丸」

日本の国旗の、白地に赤い丸のすっきりしたデザインは、世界中の国旗に比べてもシンプルさが際立つ。

聖徳太子《しょうとくたいし》が初めて外国へ親書《しんしょ》を送るとき、「日出《ひい》づる国」と自国を呼んでいることや、

「日の丸」とか「日章旗《にっしょうき》」という言葉から、国旗に描かれた赤い丸は太陽を象徴しているのだろうと想像するかもしれない。

じつは赤い丸は正確には太陽そのものではない。日の丸の旗の誕生は古く、原形は奈良時代にまでさかのぼる。

文武《もんむ》天皇が立てた「日像《にちぞう》」がそれだ。最初は旗ではなく、朝廷の儀式に使った「月像《がつぞう》」と対になっている飾り物だった。丸い金の地に、太陽に住むといわれた三本足のカラスが赤で描かれたものだ。

このカラスは、現代では日本サッカー協会がシンボルマークとして採用しており、日本代表チームがエンブレムに使うなどしているが、もともとは八咫烏《やたがらす》として記紀《きき》神話に登場する神の使いである。

太陽はこのカラスが中で飛び続けていることで、東から西へ移動するとも考えられていたようだ。

この日像がしだいに簡略化され、赤い丸さえ描けば神聖な神の使いのシンボル、すなわち守り神とされるようになったようだ。

その後、戦国時代には武将たちが自分の旗印にあしらったりして、さまざまな場面に赤丸が登場する。

「国旗」になったきっかけは幕末の薩英戦争《さつえい》（一八六三年）である。生麦事件《なまむぎ》をきっかけに薩摩とイギリスが争ったとき、薩摩藩の艦隊が日の丸の旗を掲げた。

イギリスにしてみれば、船に掲げられる旗は国旗に決まっているから、薩摩のお守りの旗とは思わず、日本の国旗だと受け取った。

以来、日本の国旗扱いされるようになった日の丸は、一八七〇（明治三）年、政府の商船規則として寸法や丸の大きさなどが決められることになった。

## 古代オリンピックでは、選手だけでなくトレーナーも全裸？

現在のオリンピック大会の原型になったといわれる古代オリンピック。当時のギリシアには、オリンピア、デルフィ、コリント、ネメアと、大きな競技会が四つもあった。それぞれが四年ごとに開催したため、毎年どこかで大会が開かれていたことになる。そのなかでも最大の競技大会がオリンピアだった。

古代オリンピックには近代オリンピックとちがう点がたくさんあるが、なかでも大きくちがうのが選手の服装。当時の選手はなんと全裸で競技を行なったのだ。

それどころか、やがて付き添いのトレーナーまで裸にならなければいけなくなった。観客は競技を楽しむと同時に、こうした選手やトレーナーの裸を見て大いに楽しんだ。

既婚の女性は入場を禁止されていたが、そうした女性たちも像に残された優勝者の裸体美を楽しんだという。

選手が裸で競技するようになった理由についてはいくつかの説がある。

まず、「スタディオン競走」と呼ばれた短距離走で、優勝者がゴールを通過した瞬間に着衣が脱げでしまったことが原因だとする説。

これに対してライバル選手が、競技規則違反だと抗議したものの審判団が受け入れず、それをきっかけにすべての選手が全裸で競技するようになったというのだ。

また、長距離走での出来事によるという説もある。スパルタのアカントスという選手がゴール前で抜かれそうになったときに、邪魔になった着衣を自分で脱ぎ捨ててしまった。その結果、彼はライバルにわずか一歩の差で勝利。これをきっかけに、すべての選手が裸で競技するようになったというのである。

一方、トレーナーが全裸になったことについては、母の過剰な愛情が原因だったとする説がある。紀元前三八八年の第九八回大祭のとき、競技に出場する息子のことが心配になった母親が、トレーナーに変装して競技場内までついてきた。当時女性は競技場のあるオリンピアの神域内に入ることを禁止されていたので、苦肉の策として変装をしたのだ。

ところが、運悪く着衣の裾《すそ》が乱れて女性であることがバレてしまった。そのため、彼女は逮捕されてしまい、審判団の判定を受けることになった。

幸い厳重な注意だけですんだものの、それ以降は女人禁制を徹底させるために、選手だけでなくトレーナーも全裸になることが決められたというわけ。

なにしろ大昔の話だけに真相は不明だが、いかにもありそうな話ではある。それだけ選手も周囲の人たちもオリンピック競技に熱中していたのだろう。時代は変わっても、オリンピックが人びとを熱くさせることには変わりがないようだ。

## 袋の中で子どもを育てるカンガルー、ジャンプで放りだされることはないの？

カンガルーの絵を描いてといわれたら、耳のかたちとかシッポはどうなっているかなどは二の次で、お腹の袋に子供を入れているお母さんカンガルーの姿を中心に描く人が多いだろう。

ならば、そこを徹底して考えてみたい。あの袋の中で赤ちゃんを産むのか、おっぱいはどうやって飲ませるのか、いくつになったら袋から出すのか、など、疑問は数々あるが、発達した後肢《こうし》でピョンピョン跳ねるとき、はずみで袋から子供が飛び出すことはないのかという愚問《ぐもん》に勝る愚問はなさそうだ。

答えはズバリそんなことはない。

カンガルーのポケットは、正しくは育児嚢《いくじのう》といい子供を育てるためだけに使う。袋は子供の大きさに合わせて伸縮する。

子供の大きさや成長具合にもよるが、ふつう生後六か月未満の子供を入れているときは入り口をしっかり閉じている。ただ閉じているといっても、密閉状態ではないので窒息《ちっそく》するということはない。

その後はたまに子供がポケット口から顔を出すようになるが、ポケットの開閉はどうやら母親の意思によって行なわれるらしい。

また、カンガルーは一度に二頭以上出産するということはない。というのも、カンガルーは特別な繁殖形態をしているからだ。着床遅延《ちゃくしょうちえん》といって、受精した卵子を二個までは体内にとどめておくことができる。つまり、環境の変化に応じて出産時期を調節するというバース・コントロール能力を持っているのだ。

子供は育児嚢で一〇か月間育てるので、たまに次の受精卵が子供になってしまい、二頭入っている場合もあるが、二頭の体全体は入りきらないそうだ。だからといって、子供を入れ過ぎて袋が破れてしまうことはもちろんない。

いずれにせよ、ポケットからポロリと落ちるということは絶対にない。たとえジャンプをしたとしてもだ。

オオカンガルーなどは一度の跳躍《ちょうやく》で約一〇メートルもジャンプすることもあるが、そのときでさえ、グッと力を入れて地面を蹴るため、ポケット口も自然に閉まる仕組みになっている。

## 長すぎて自分でも本名が覚えられなかったパブロ・ピカソ

落語の「寿限無《じゅげむ》」は長い名前の話で有名だ。

生まれた子どもにめでたい名前をつけたかった父親が、和尚《おしょう》に相談したところ、次から次へと縁起《えんぎ》のいい言葉が出てきた。そのどれもがめでたくて、一つに絞れなかった父親が、全部をつなぎ合わせて名前にしてしまったという笑い話である。

この「寿限無」に負けないぐらい長い名前が外国にある。しかも、こちらは落語ではなく、ちゃんと実在した人物なのだ。

その名前とは、「パブロ・ディエゴ・ホセ・フランシスコ・デ・パウラ・ファン・ネポムセーノ・マリア・デ・ロス・レメディオス・シプリアーノ・デ・ラ・サンティシマ・トリニダード・ルイス・イ・ピカソ」

そう、二〇世紀を代表する大画家パブロ・ピカソの本名が、この長ったらしい名前なのだ。

ピカソは一八八一年一〇月二五日に生まれたが、出生届が出されたのは一一月一〇日のことだ。

両親は息子の誕生がよほど嬉しかったのか、息子の名前に、祖父や伯父、父、乳母など、七人分の名前をふんだんに盛り込み、さらに最後には、キリスト教でいうところの「三位《さんみ》一体《いったい》」を意味する「シプリアーノ・デ・ラ・サンティシマ・トリニダード」という言葉をくっつけた。

これは、ヨーロッパの「最も神聖な名前を最後に持ってくる」という古い習慣に従ったものである。

スペインのマラガ市役所には、命名された出生届が記録として残っているらしいが、実際には、ピカソは本名をほとんど使わず、パブロ・ピカソと名乗ることが大半だった。名前が長すぎて、ピカソ本人も覚えていなかったからである。

## 木魚はお坊さんの眠気覚ましのためにあった

お坊さんはお経《きょう》を読んだり念仏《ねんぶつ》を唱えるとき、木魚《もくぎょ》を叩く。木魚はその名の通り木製で、中は空洞になっており、表面に魚の鱗《うろこ》が彫刻されている。

読経《どきょう》や念仏の拍子《ひょうし》を整えるのに叩くなら、別に魚の形でなくてもよさそうなものだが、あの形には何か意味があるのだろうか。

木魚のルーツは、一七世紀に隠元禅師《いんげんぜんじ》が中国からもたらした「魚板《ぎょばん》」にある。魚板は魚の形を刻んだ板で、人を集めるときに叩いて鳴らす道具だった。

それが後に立体的な形の木魚となり、読経や念仏の拍子を整えるのに用いられるようになったのだ。

魚の形をしている理由については諸説あるが、一説によると、昔、大変怠け者のお坊さんがいて、畜生道《ちくしょうどう》に墜《お》ちて魚になってしまったという故事から、修行中のお坊さんたちが二の舞にならないようにという戒めとして、魚の形にしたという。

また別の説では、お経を聞いているとつい眠くなってしまうので、眠るときにも目をつぶらない魚を象《かたど》った木魚をそばに置き、「眠らないように」という戒めにしたり、ときどきそれを叩くことによって眠気覚ましにしたという。

しかし、ポクポクというあのリズミカルな木魚の音は、聞いているとよけいに眠くなるのではないかという気もするのだが……。

ともあれ、あの木魚の打ち方は、宗派によって決まりがある。浄土宗《じょうどしゅう》の場合、読経のときには、前に二つ、途中は字と字の合間に打ち、最後に三つ打つそうである。

## 作戦を練るためにトイレを改造させた武田信玄のアイデアとは

トイレは究極の個室である。たった一人、用を足した後のすっきりした頭で、あれこれ考え事をしている人は少なくないだろう。

この方法を戦国時代に、すでに実践していたのが、名将・武田信玄《たけだしんげん》である。この時代のトイレは、もちろん和式だから、長く考え事をするには、とても向いていない。

ところがなんと信玄は、トイレを落ち着くことのできる空間につくり上げて、その中で作戦を練《ね》っていたのである。

信玄のトイレは、京間《きょうま》の六畳敷で、一面に畳が敷き詰められ、風呂の水を下水として流すしくみになっていた。つまり、この時代にして、すでに水洗トイレだったのである。

それでも匂いは残るから、トイレに香炉《こうろ》を置き、当番を決めて、香炉の火を絶やさなかったという。

トイレの入口には、国名と郡名が書かれた状箱が置いてあり、家臣は、その箱の中に、当該地区の訴訟関係書類を入れておく。信玄は、その書類を持ってトイレに入り、判断を下した。

しかも、トイレの中なら、刺客《しかく》にいきなり切りつけられるという心配もない。安全で、落ち着いて政治や作戦を考えられる場所だったのだ。

西洋にも、同じような発想はあったようだが、こちらは、落ち着ける個室を用意するのではなく、なんと、椅子をトイレにしてしまおうという発想だ。

一七世紀の王侯貴族の間では、「穴あき椅子」が流行。これは、陶器や銀器の受け皿が椅子の中に入っているというもので、ルイ一三世と続くルイ一四世はそれに腰かけたまま接見《せっけん》していたという。

穴あき椅子に座り、人と謁見《えっけん》しながらでも、平気で用を足していた当時の貴族たち。人と朝食をとりながら、穴あき椅子で排便。受け皿が一杯になると、召使が排泄物の入った受け皿を持って捨てに行ったという話も伝わっている。

## 意外！ バドミントンはホームパーティーの余興から生まれた

子供から大人まで根強い人気を持つスポーツ、バドミントン。その起源は一八二〇年頃のインドにある。

当時、ボンベイ地方で小鳥が飛び交うのを見て考案された「プーナ」というゲームがそのルーツだとされている。

一八七三年には、プーナは英国陸軍士官によってイギリスに伝えられた。そしグロスターシャ州の領主ボーフォード卿《きょう》が、彼の領邸バドミントン荘で普及させたことから、「バドミントン」と呼ばれるようになった。

プーナがバドミントンに成長するのには、ボールドウインという人物が大きな役割を果たしたといわれている。彼は、ボーフォード卿のホームパーティーで、人々が余興《よきょう》としてプーナを楽しむのを見て、現代のバドミントンに近い形のゲームを考案したといわれている。

それはロープをドアのノブと暖炉に渡し、居間を二分し、二つのチームがロープ越しにシャトルを打ち合うというもの。ロープがネットに変われば、ほぼ現在のバドミントンと同じというわけだ。

バドミントンはパーティーの余興から生まれたゲームだったのだ。

## 東京の民謡「東京音頭」のモトネタは実は「丸の内音頭」

「東京音頭」は、東京だけでなく、全国の盆踊り大会で流れる有名な曲である。

でも、この曲は、じつは「丸の内音頭」という曲の替え歌であり、もとは東京・日比谷《ひびや》公園の「松本楼《まつもとろう》」の主人らが中心になって開催した盆踊り大会用に作られたものだ。

東京の日比谷公園は、一九〇三（明治三六）年に開園した日本初の西洋式公園であり、「松本楼」は、その中にある洋食レストランである。

当時の日本はまだ江戸時代の名残《なごり》が強く、日比谷公園で西洋の花を愛《め》で、西洋の音楽を楽しみ、「松本楼」でカレーとコーヒーを食することは「三大洋」といわれて、人びとの人気の的だった。

しかし、昭和になると、満洲《まんしゅう》国建国や五・一五事件など、軍部の暴走が激しさを増し、国内は昭和恐慌による不況にあえぐ状態で、すっかり意気消沈《いきしょうちん》した状態になってしまった。

そこで、「松本楼」の主人を始め、丸の内の商店主らが、景気づけのための知恵を絞り、思いついたのが、「丸の内の歌」を作って盆踊りをしようという企画だった。

その結果、西条八十《さいじょうやそ》作詞、中山晋平《なかやましんぺい》作曲で「丸の内音頭」が作られ、一九三二（昭和七）年、日比谷公園で盆踊り大会が開催された。

この「丸の内音頭」はプライベート盤でレコード化されて評判となった。そこでこれに目をつけたレコード会社が、東京市民全体で歌えるようにと、曲は変えず、歌詞だけを変更して「東京音頭」として売り出したのだ。このレコードは一二〇万枚を超える大ヒットとなった。

二〇〇三（平成一五）年八月一四日〜一六日には、日比谷公園一〇〇周年を記念した盆踊り大会が開催され、「丸の内音頭」が七一年ぶりに復活した。

主催者は、平成不況の中、元気が出るきっかけになるように企画したとのことである。

## 貴重な金が海水の中には なんと六〇〇万トンも眠っている？

地球は、表面を海と陸に分ければ、海が七割以上を占める「水の惑星」だ。

その海水の総量は一四億立方キロもあり、そのうちの九六・六パーセントが水分だ。残りの物質の中で最も多いのは塩（塩化ナトリウム）で、水以外の物質のうち八〇パーセントを占めている。

海水が塩辛いのは、この塩化ナトリウムが多量に含まれているからで、その量たるや、地球上にもう一つのアフリカ大陸ができるほどだといわれている。

ほかにも海水にはさまざまな物質が含まれており、カルシウム塩類やマグネシウム塩類が塩化ナトリウムに次いで多く、残りは金や銀、銅、ウラン、アルミニウムなどである。

海水に金や銀が含まれているというと驚く人も少なくないだろうが、実際、海水にはこれらの「お宝」が多量に含まれていて、塩に比べれば微量とはいえ、地球上の海水の総量から計算すると、金の総量は六〇〇万トンにもなるといわれる。

全世界の現在の金の生産量が約一二〇〇トンなのだから、この六〇〇万トンという数は、その五〇〇〇倍ほどにもあたる。地球上の人が全員で分けても、一人あたり四キロずつもらえることになる。

しかも、銅にいたっては四五億トン、ウランも四五億トン、銀も四億五〇〇〇トンも含まれており、アルミニウムなどは一五〇億トンにもなる。

まさに宝の山、いや、宝の海なのだが、残念ながら、これらの物質を海水から採取することはあまりにも難しい。たとえ採取できたとしても、儲け以上に採取装置が高くついてしまうというのが現状だ。

実際、昭和の初期には日本の会社が金採取の計画を立てたことが当時の新聞に報道されたが、その後の展開は不明で、成功したという話は聞こえてきてはいない。

## 鉄人レース「トライアスロン」誕生のきっかけは酒の席での冗談

「鉄人レース」とも呼ばれるトライアスロンは、水泳と自転車とマラソンを一人でやりきってしまうという過酷なレースである。

だが、この競技が生まれたきっかけは、その過酷さとは対称的に、単なるジョークからだったという。

ときは一九七七年、当時アメリカ海軍の中佐だったジョン・コリンズが、ハワイで部下の海兵隊員たちと酒を飲んでいたときのことである。

ハワイで開催されていた三・八四キロの水泳大会「ワイキキ・ラフ・ウォークスイム」と、オアフ島一周一七九・二キロのサイクリング大会、そして四二・一九五キロの「ホノルル・マラソン」のうちで、どれが最も大変な競技なのだろうかという議論が勃発《ぼっぱつ》したのだ。話は紛糾し、なかなか結論が出なかったが、そんなとき、コリンズ中佐が、

「だったら、三つの競技を全部まとめてやってみれば、すぐにわかるじゃないか」

と発言。ほんの軽い冗談のつもりだったが、周囲の海兵隊員たちは、「そうだ、そうだ。面白いじゃないか」とすっかり盛り上がり、コリンズ中佐は引っこみがつかなくなってしまった。

こうして翌年二月に、ジョン・コリンズ中佐の主催で、第一回トライアスロン大会がオアフ島で開催された。

トライアスロンという名前は、ラテン語で「三」を意味する「トライ」と、英語で「競技」を意味する「アスロン」をあわせて名づけられたものだ。

このときの距離は、水泳が三・九キロ、自転車が一八〇・二キロ、マラソンが四二・一九五キロ。一五人が参加し、一二人がゴールインし、優勝タイムは一一時間四六分五八秒

だった。

現在のトライアスロンでは、距離の設定はさまざまである。

ただ、第一回で採用された距離は「アイアンマンレース」と呼ばれ、トライアスロン競技の一つの基準となっている。

オリンピックで採用されているのは、水泳一・五キロ、自転車四〇キロ、マラソン一〇キロの「オリンピック距離」と呼ばれるものである。

## きんぴらごぼうの「きんぴら」は昔話の金太郎の息子の名前！

きんぴらごぼうは、日本人が大好きなお惣菜《そうざい》の一つである。

この料理に使われるごぼうには、植物繊維がたっぷり含まれていることは以前から知られていた。

最近では、コレステロール値を正常にしたり、便秘予防、大腸がんなどの予防にも効果があることが判明し、評価はさらに高くなっている。

ごぼうの原産地は中国北部からヨーロッパだが、古くから中国でもヨーロッパでも、ごぼうは薬用として使われており、平安時代に日本に入ってきたときも、薬用として伝わっている。

しかし、日本人は、ただ薬として食べるだけでなく、平安末期には、すでにごぼうを野菜として食べるようになっていた。

ごぼうは、原産地では、あくまで野生のものを利用するだけでまったく栽培されていないのに対し、日本では栽培をして、作物化した。つまり、ごぼうは外国で生まれ、日本で育てられた野菜ともいえる。

さて、本題のきんぴらごぼうが生まれたのは江戸時代である。「きんぴら」というのは、当時、江戸で大人気だった浄瑠璃《じょうるり》の主人公・坂田金平《さかたきんぺい》の名前をとったものだ。

坂田金平は、金太郎で有名な怪力無双《かいりきむそう》の坂田金時《きんとき》の息子で、彼もまた超人的な豪傑だった。その彼が主人公の浄瑠璃は、次々と悪者や化け物《ばけもの》を退治していくというもので、荒唐《こうとう》無稽《むけい》な物語が、当時の江戸で人気を博していたのである。

その結果、金平という名前は、強さの代名詞のようになり、太くて荒い縞織物《しまおりもの》を「金平縞」といったり、丈夫な足袋《たび》を「金平足袋」と名づけるなど、方々に「金平」と名の付く品物がたくさん登場したのだ。

当時、人気のお惣菜だったきんぴらごぼうも、赤くて辛くて固いところが、まるで金平さんみたいだということで、「きんぴらごぼう」と名づけられたわけである。

ただし、金平さんは、浄瑠璃の中だけの人物であり、実在はしていない。

## 知らなかった！ ラジオ体操に「第三」があったなんて

早朝に放送されているラジオ体操の人気は根強い。ほとんど場所をとらず、動きも簡単だから、高齢者から子どもまで手軽にできる。

さて、このラジオ体操、現在放送されているものは、じつは三代目である。ラジオから流れる音に合わせて体操するというのは、最初はアメリカで起こった。

その後、すぐに日本でも紹介され、日本人の体格向上や健康維持を目的に一九二八（昭和三）年、東京中央放送局で開始され、翌年には全国放送が始まっている。

当時は「大日本国民体操」という名称だった。これが第一期の旧第一体操と呼ばれるものである。

翌年には東京・神田でラジオ体操の会が、子どもの早起き大会として始まっているが、これが後に夏休みの子どもたちの参加する、朝のラジオ体操の原形となる。

一九三三（昭和七）年には青年向きの第二体操が、一九三九（昭和一四）年には体力向上に主眼を置いた第三体操も誕生した。

戦後の一九四六（昭和二一）年には新しいラジオ体操にリニューアルされるが、このときも第一から第三までの三種類があった。ところが、この第二期のものは少し動きが難しかったらしく、短命に終わることとなった。

一年あまりで廃止され、しばらくの間、ラジオを聞きながら体操するという習慣は、日本から姿を消してしまったのだ。

一九五一（昭和二六）年になって、現在の耳慣れたラジオ体操が満を持して登場し、それこそ「国民的体操」と呼ばれるほどになった。だが、作られたのは第一と第二だけで、第三がカムバックすることはなかった。

短命だった第二期のラジオ体操第三は、レコードが残されていて、体の前後曲げ、横曲げ、旋回運動、跳躍など、いまの第一・第二と共通する動きが多いようである。

そしていま、第三体操の代わりに、一九九九（平成一一）年から「みんなの体操」が登場している。

## ゆっくり動く太極拳だけど激しく動いちゃダメなの？

美容面、健康面からも評価が高まり、女性や高齢者にその愛好家を増やしたのが太極《たいきょく》拳《けん》だ。

しかし、拳（法）の名がついていて、なんだか格闘技みたいなのに、あのゆっくりした動きは何なのだろう？　あんな間のびしたような動きでは、闘う前にノックアウトされてしまいそうだ。

そこで、どうして太極拳はゆっくり動くのだろうか。

そもそも太極拳とは、速く動けるようになるための訓練法なのである。

つまり、「速く動けるようになるために、ゆっくりした動きで技を習練する」わけだ。技を体得するために、じっくり正確に、柔らかく動く。

その「ゆっくり」した動きには、同時に呼吸法を体得する目的も含まれている。技を磨いて速く動こうとしても、息が上がってしまってはすぐに技は止まってしまう。

ただ単に体を動かすのではなく、動きに合わせて大きく深い深呼吸をすることにより血液の循環がよくなる。そして、全身に「気」をめぐらせるわけだ。

この柔らかい体の動きと呼吸法が、そのまま健康増進につながるため、一時は日本だけで参加人口一〇〇万人といわれるほどの愛好家を生んだのである。

では、太極拳で修練したうえで、速く激しく動いてはいけないのだろうか？

たしかに太極拳は中国の武術の一流派だ。多くの武術のなかでも太極拳はゆっくり動く武術といえる。どうしても激しく速い動きの武術がやりたければ、空手の源流である「南拳《なんけん》」や少林寺拳法《しょうりんじけんぽう》の源流である「長拳《ちょうけん》」を選んだほうがいい。

## 野球のフォアボールもかつてはナインボールだった？

野球のルールは、当初は現在のものとはずいぶん違っていた。フォアボールは、かつては「ナインボール」だったことがあったのだ。

どうして、ピッチャーは、そんなにボールが連続してもよかったのだろう？

じつは、アメリカで野球が生まれたころのルールでは、今の野球のようにピッチャーがバッターの打ちにくいコースを狙うなど許されなかった。

バッターはピッチャーに対して、「高いボール」「低いボール」などと、コースを指定することができ、ピッチャーはそれに合わせてボールを投げなければならないというルールだった。

これではピッチャーはほとんどピッチングマシンだが、ボールには寛容で、一八七六年にできたルールでは、ボールは八球までOK。ナインボールになって、バッターはようやく一塁に進むことができた。

それが、投球技術の向上や試合のスピードアップのため、四年後には「エイトボール」、その二年後に「セブンボール」、さらにその二年後に「シックスボール」、その三年後の一八八七年に「ファイブボール」となった。

このファイブボールと引き替えに、ピッチャーはようやく投げるコースを自由に決められるようになったのである。

そして、一八九〇年、今日と同じフォアボールになったのだ。

かつて、アメリカで行なわれたロッテとアスレティックスの試合で、スリーボールルールが用いられたこともあったが、アスレティックスが「スリーボール」を一七個も出したため、試合はかえって長引いたという。

さて、「スリーボール」となるのはいつだろうか?

## 本当にあった動物裁判の被告はなんとウマ、ブタ、ハチ！

「クマさんがキツネさんを殴ったのは傷害罪に該当しますー」

おとぎ話ではない。動物が裁判の被告になるというウソのようなホントの話がかつてあった。ヨーロッパでは、動物を被告にした「動物裁判」が実際に行なわれていたのだ。

被告になった動物はさまざま。一六三九年、フランスのディジョンでウマに死刑が宣告された。理由は乗っていた人間を振り落として死なせたから。

また、一四七一年にはスイスのバーゼルでオンドリが処刑された。オンドリのくせにどういうわけが卵を産んだ。それは自然の法則に逆らう行為だと、「変装した悪魔」として薪《たきぎ》の山の上で焼かれてしまった。

ブタに対しても容赦《ようしゃ》はない。一三九四年、ノルマンディーで雌ブタが人間の子どもを食べた罪で絞首《こうしゅ》刑に処せられた。また、一八六四年にも一歳の女の子の耳をかみちぎったブタが裁判にかけられ、判決によって体は細切りにされてイヌに与えられ、そのブタの飼い主は女の子に結婚時の持参金を与える約束をさせられたという。

さらに、北イタリアでは畑を荒らしたモグラが裁判にかけられたが、被告が出廷に応じないため（そんなことできるはずがない！）、欠席裁判で追放処分に。

だが、妊娠している母モグラか子モグラに対しては、執行猶予《しっこうゆうよ》期間を与える「温情判決」が出たのだ。

動物ばかりか虫だって刑事責任を問われた。一八六四年、ドイツのウォルムスの帝国議会で、ひとりの男を刺し殺したハチの群れが裁判にかけられ、窒息刑が宣告された。

また、一六五九年には、他人の土地に無断で侵入して、故意に害を与えたという理由で、イモムシが告発された。

さらに、ブラジルでは修道士たちの食べ物を食べ、家具をかじったという理由でシロアリが被告になっている。

こうして被告になったのは、毛虫、ハエ、イナゴ、カタツムリ、ナメクジ、ヒル、ネズミ、モグラ、ハト、ブタ、ウシ、オンドリ、ウマ、イヌ、ロバ、ヤギなど。これだけで動物園ができそうなぐらい、ありとあらゆる生き物が裁判にかけられている。

判決はやはり死刑が多く、生きながら焼かれたり、生き埋めにされる残虐《ざんぎゃく》なケースもあったようだ。

いまから見れば、なんだかバカバカしい話だが、当時の人びとにとっては真剣。だから、動物裁判は人間同様に正規の手続きで行なわれた。そのため、動物の弁護をして有名になる弁護士も現われたのだ。

動物にとっては迷惑に思えるが、いまは動物が悪事を働けばいきなり殺されることもある。もしかしたら、昔のほうが裁判があるだけまだマシだったのかも？

## カメレオンはなぜあんなにも肌の色を変えられるのか

カメレオンは、体の色が変化する動物として知られている。

カメレオンの皮膚は三層の構造になっており、最上層は黄色の層、二番目の層は光を反射するグアニン層、最下層は白い層で、この三層を横切るようにして黒いメラニン色素の細胞がある。

メラニン色素は、光の強弱、温度などの変化や神経の働きにコントロールされ、緑色とオレンジ色を主体としたさまざまな色を作り出す。

これにより、グアニン層と黄色の層を通すと木の葉と同じ緑色に見え、白い層が上の二層を通すと、赤土と同じオレンジ色になるのだ。

このカメレオンの体色変化は、周囲の色に合わせて変わる保護色と考えられがちだが、じつは周囲の色に合っていないこともよくある。

カメレオンが自分の目で周囲を見て意図的に体の色を変えているわけではなく、感情と関わる脳下垂体《のうかすいたい》がメラニン色素を制御しているため、感情が色に出てしまうことがよくあるのだ。

たとえば、メスへの求愛や、縄張り争いで成功したときと失敗したときでは、明らかに体の色が変わるという。

さらにこの体色変化は、繁殖期のメスにも起こる。交尾が準備できた状態になれば、それとわかる色に変化して、オスに知らせるのである。

カメレオンの体色変化は、このような意思を伝えることにも役立っているのだ。

## お姫様だけがこっそり読んでた夜の生活指南書とは

江戸時代に、大名《だいみょう》や上級旗本《はたもと》に嫁ぐ女性は、たとえ夜の生活であろうと、失敗は許されなかった。そんな女性たちのために『閨《ねや》の御慎《おんつつし》みの事《こと》』という実用書があった。

書かれたのは江戸時代の元禄《げんろく》頃。儒教《じゅきょう》に基づいた真面目な本なのだが、その内容はかなり具体的だ。

現代文で内容を紹介すると、まず、「色気がないと情がなくなるので、色気は十分にあるほうがいい」とある。

とはいえ、「あまり乱れた様子を見せると、殿方《とのがた》に愛想《あいそ》づかしをされるので、決してみだらになってはいけない。ちゃんとした女は、淑《しと》やかさを第一に、礼儀正しく、恥じらうことで、夫の愛を勝ち取りなさい」というのだから、ややこしい。

おまけに、「閨《ねや》に入るときは、何年たっても初めてのように恥ずかしそうな態度をしなければならない」とか、「殿方がさまざまにもてあそんでも、ただ、恥ずかしく忍び、どんなに気持ちよくて耐えられなくなっても、取り乱した声を出したり、自分からキスをしてはいけない」など、やたら注文が事細かい。

しかも、「エクスタシーは、殿方が先か、または同時に。もし殿方が終ったら、自分はまだしたくても、終わりにしなければならない」など、かなり難しい注文までつけている。

さらに、「昼間、殿方に誘われたら、むげに拒んではいけない。でも、夜よりもさらに慎《つつし》み深くし、なにがあっても打掛《うちかけ》を脱いではいけない」と、昼間のエッチまで心配してくれているのだから、じつに親切である。

とはいえ、その内容はあまりにも男性が主体。現代女性なら、さぞかし怒ることだろう。

## フランスからの贈り物「自由の女神」に困ったアメリカの懐事情

プレゼントがいつもありがたいとは限らない。なかには、欲しくもないプレゼントをもらってしまうこともある。

ニューヨーク市マンハッタンの南、リバティ島に建てられた「自由の女神」はアメリカのシンボルとして、内外の多くの人びとが訪れる観光スポットだ。

この像はフランス国民がアメリカ合衆国の独立一〇〇年を記念して贈ったものである。

一八六五年、フランス、ヴェルサイユに近い町で開かれた晩餐会《ばんさんかい》で、高名なフランスの法学者で歴史家のエドワール・ド・ラブレーが、若い彫刻家フレデリック・オウガスト・バルトルディと、フランスとアメリカの関係について話し合った。

そして、アメリカの独立一〇〇周年が近づいていることから、ラブレーはフランスが贈り物をしたらいいのではないかと提案。バルトルディはそれなら、大きな彫像をつくろうと考えたのだ。

その後、フランスとプロシアのあいだで戦争が起こり、バルトルディが召集されるなど計画の実現は遅れたが、ようやく数年後に着手。一八七四年に、バルトルディがニューヨークに派遣されてアメリカ政府と打ち合わせを行なった。彼が乗った船がニューヨーク港に入港したときに、ニューヨークの入口に巨大な自由の女神像を建てることを思いついたのだ。像のモデルは、賢く気高い母性的な顔を求めて、自分の母親に決めた。

さて、問題の費用だが、フランス側が彫像の代金を支払い、アメリカ側が岩とコンクリートと鋼鉄でつくる台座の資金を調達することで合意した。

それぞれ国民の寄付でまかなおうとしたのだが、フランスでは市民が現金や小切手を郵送したり、政府が宝くじを発行して利益を資金にあてるなど、最初から順調に資金が集まった。

これに対して、アメリカではあまり資金が集まらなかった。「そんなものをもらう必要があるの？」「なんで贈り物をされるのにお金を払う必要があるの？」といった声が国民のあいだで強かったのだ。

有名な新聞社主のピューリッツァーは、ニューヨークのお金持ちが私生活のぜいたくのためには金銭を浪費しながら、像の台座に寄付するように求められたわずかな金額をケチる風潮を激しく非難した。

そうした声が高まり、ようやく寄付が集まったのだ。

こうして当初の予定より一〇年遅れた一八八六年、アメリカのシンボル「自由の女神」が完成したのである。

## アジサイの学名にはあのシーボルトの愛人の名前が付けられている?

アジサイに「紫陽花」という文字をあてたのは平安時代とされ、唐《とう》の白楽天《はくらくてん》の詩に登場する「紫陽花」の花からとったものという。それ以前は、『万葉集《まんようしゅう》』では「味狭藍」や「安治佐為」と書かれていた。

そのため、かつてはアジサイが中国原産と誤解されたこともあったが、白楽天の詠《よ》んだ「紫陽花」は現在のアジサイではなく、何か別の花だったようである。

なお、中国ではアジサイのことを「八仙花」と呼んでいる。

アジサイは、日本に自生するガクアジサイを改良して生み出された日本原産の園芸植物である。野生のガクアジサイは、いまでも伊豆半島や伊豆七島に自生している。

このアジサイは、学名を「ハイドランゲア・オタクサ」という。命名したのは、江戸時代末期に長崎に滞在していたシーボルトで、学名の最後の「オタクサ」という部分は、じつは彼の愛人の名からつけられていた。

シーボルトは長崎で暮らすうち、一六歳の遊女・其扇《そのおうぎ》に夢中になった。彼は、この其扇のことを本名の滝《たき》から「お滝さん」と呼ぼうとしたが、うまく発音できずに「オタクサ」と呼んでいたのである。

彼女を熱愛していたシーボルトは、日本の花の中でもとくに好きだったアジサイを「オタクサ」と呼び、後にヨーロッパに紹介したとき、学名の一部としたのだ。

其扇との間にはイネという女の子も生まれ、シーボルトは、其扇を妻として故郷に連れて帰るか、それが無理なら日本に帰化《きか》してもいいとまで思っていた。しかし結局、其扇とイネを日本に残してシーボルトは帰国していった。

アジサイの花言葉は、花の色が変化するところから「移り気」「浮気」などであるが、シーボルトにとってはやむを得ない帰国とはいえ、其扇には移り気と思えたかもしれない。

## ロシアにはヒゲ税をとっていた皇帝がいた！

似合いもしないのにヒゲを生やしている人を見ると、思わず「偉そうにヒゲを生やす人から税金を取れー」などと言いたくなるが、かつてロシアでは実際にそういうことがあったというのだ。

一六八二年にロシア皇帝に即位したピョートル一世（大帝）は、西欧諸国からの遅れを痛感し、内政、外交、宗教、教育、軍事など、さまざまな面で改革を行なった。その根底にあったのは、ロシア人の意識改革を行なうことだったといわれている。

その一環として行なわれたのが、西欧文明の積極的な導入。これまで貴族たちが着ていたロシア独特のカフタンという長上着を禁じて、サクソニアかフランス風の上着にチョッキの着用を義務づけた。

また、当時、ヨーロッパではヒゲを軽く見る風潮があり、ヨーロッパを視察して帰国したピョートル一世は、ロシアでもヒゲを生やす風習をなくそうと考えた。

そして、自分でハサミを持って貴族たちのヒゲを切って回ったのだ。国民に対しても、聖職者と農民以外はアゴヒゲを生やすことを禁止。違反者にはアゴヒゲ税を課して徹底しようとした。

だが、この改革は、彼の思うようにははかどらなかった。信仰心の篤いロシア人にとって、アゴヒゲを生やすことは主イエスの姿に似せるための神聖な行為であって、そう簡単にやめるわけにはいかなかったのだ。

こうして、多くの国民がヒゲ税に対して反発。エカテリーナ一世がピョートル一世の法令をさらに強化したが、これもまた失敗し、エカテリーナ二世の時代になってこの法律は廃止され、ふたたび自由にヒゲを生やせるようになったというわけ。

ところで、いくら西欧化のためとはいえ、ヒゲに税金をかけることを思いついたピョートル一世はかなりユニークな人物だったようで、身長二メートルの巨漢。形式ばったことが嫌いで宴会ではナイフやフォークを使おうとしないで、肉料理を手づかみで食べたり、ウォッカをがぶ飲みするという大胆な人物だった。

そうした姿が人間臭いと評判になったものの、教会の権威を低下させようとする皇帝はアンチ・キリストとみなされ、民衆の人望を失ったという。

## 江戸時代の「夢の島」はいったいどこにあったのか

ゴミを埋め立てて島を造るという発想は、江戸時代からあった。現在の東京の「夢の島」から始まったのではないのである。

江戸において、糞尿《ふんにょう》は近郊の農家が買い取って肥料にしていたし、いらなくなった衣類や家具などの不用品や紙屑《かみくず》なども九割以上がリサイクルされていた。現代とは比較にならないほどのエコ社会だったのである。

当然ゴミが少なく、幕末に来日した外国人たちが、そろって江戸の印象を「ゴミが落ちておらずきれいな町である」と記しているほどだった。

そんなリサイクル都市の江戸でも、やはりゴミ問題はあった。江戸時代初期には、会所《かいしょ》地《ち》と呼ばれる空き地にゴミを捨てていたのだが、下水が詰まったり、濠や川などにゴミを投げ込む者などもいて、問題となったのである。

そこで幕府は、一六五五（明暦《めいれき》元）年、ゴミを川に捨てることを禁じ、隅田川《すみだがわ》下流の永《えい》代島《たいじま》に捨てるように定めた。

江戸のゴミは、裏長屋の空き地に穴を掘って作られた「芥溜《ごみため》」に集め、それを住民たちが町ごとに設けられた「大芥溜」に運んだ後、幕府の許可を受けた専門の処分業者が船で永代島に運ぶというシステムができあがったのである。

それでも一七三〇（享保《きょうほう》一五）年頃には、永代島にゴミを捨てる場所がなくなってしまい、深川越中島《ふかがわえっちゅうじま》が新しいゴミ捨て場となった。

永代島や越中島周辺の土地は、じつはゴミ捨て場を埋め立てることによって造成されていったのだ。

## サド侯爵はサドではなく、実はマゾだった？

「ＳＭ」というのはサドとマゾ、つまりサディズムとマゾヒズムのことをいう。どちらも性的な嗜好《しこう》で、サディズムは他人に身体的・精神的な苦痛を与えることで性的満足を得るもの。

これに対してマゾヒズムとは逆に他人から身体的・精神的な虐待《ぎゃくたい》・苦痛を受けることによって性的満足を得るものだ。

このうちサディズムは、一八世紀にこうした性的な乱行《らんこう》を小説の主題にしたフランスのサド侯爵《こうしゃく》（一七四〇～一八一四）にちなんで命名された。

『悪徳《あくとく》の栄《さか》え』『ソドムの百二十日』といった作品を見ると、たしかにその内容はサディズム一色。ふつうの人にはとても理解するのが難しい過激な内容だ。

こうした小説を書いただけに、サド侯爵自身もサディストだと思われがち。なにしろ彼は生涯の三分の一を監獄で過ごし、最後は病院で死んだといわれる。

監獄に入れられたのも、夜ごと女性たちと淫乱《いんらん》で過激な性的生活を送っていたからだとされているのだ。

ところが、その後の研究で、彼には政治運動や筆禍《ひっか》退任《たいにん》はあるものの、具体的な性犯罪歴はなく不当な監禁だったらしい。

しかも、実際にはサディズムの傾向もなかったようなのだ。世間のイメージは作り話だった可能性が高いのである。

ただし、実際彼は、女性に自分の尻をムチで打ってもらうのが好きだった。

また、従者のひとりを愛人にして「ご主人様」と呼んだり、自分のことを「ラ・フルール（花）」と呼ばせたりしていた。

つまり、サディストではなくて逆にマゾヒストだったらしいのだ。サドもマゾも性的嗜好という点では同じ。

それだけにマゾヒストのサド侯爵には、サディズムをテーマにした小説が書きやすかったのかもしれない。

# 第7章

# 知らなきゃよかった！<br>がっかり雑学

## 働き蜂はみんなメスでオスはただの「ヒモ」!

ひたすら仕事一筋で遅くまで働いている人を「働《はたら》き蜂《ばち》」と呼ぶことがある。だが、これはおかしい。そう呼ばれる人には男性も含まれているが、蜂の世界での働き蜂は、すべてメスである。

メスの仕事は、花から蜜《みつ》を集めることのほかに、巣で女王蜂の世話をしたり、幼虫の面倒を見たり巣を整えたりしている。掃除・洗濯・調理・育児と、人間の主婦と同じだ。蜜集めが外での仕事だと考えれば、フルタイムの仕事を持つ主婦という頑張り屋だ。

ただ、これらの作業はかけもちではない。羽化《うか》から三日くらいは巣の清掃を担当し、二週間までは花粉や蜜で作ったローヤルゼリーを女王蜂に与え、幼虫の面倒を見るという、調理と育児を担うその後、一週間ほど貯蔵作業をするのは、蜜集めの仕事に就くための内容把握期間と考えられている。

それから、ようやく蜜集めの仕事のために外に出ていく。そして、わずか一〇日間ほどで命を全うする。結局、生まれてからの生存期間は約一か月という短さだ。

こんな蜂が、一つの巣で九九パーセントを占める働き蜂なのである。

では、その間オスはどうしているのかというと、巣の中で何もせず、メスからエサをもらってぬくぬくと過ごす。いわばヒモ状態だ。働きたくても、蜜を集める口を持っていないのである。

そして、四～五月の繁殖期になると、外へ出た女王蜂を追い、交尾を求めるのだ。交尾は巣の中でもいいようなものだが、絶対に飛ぶ必要がある。猛スピードで逃げる女王蜂を追いかけ、追いつけるだけのタフなオスを相手にするのが、女王蜂の持つ種の保存本能なのだ。

しかし交尾が終わると、役目を終えたそのオスには死が待っている。追いつけなかったオスたちは、すごすご巣へ戻るものの、メスに追い出されてなすすべなく、命を落とすのである。

## 古代ローマではオシッコを洗剤代わりに使っていた！

当然ながら洗濯は洗剤を使ってする。しかし、その洗剤が発明されるまではいったいどうしていたのだろうか。

じつは古代ローマ時代には、洗剤の代わりになんと人間のオシッコを使っていた。

当時ローマでは、クリーニング店の原型ともいえる洗濯屋が店を構えていて、人びとはそうした店に洗濯を頼んでいた。店ではオシッコを集めてそれを洗剤代わりに利用していた。一世紀ごろには、店が集めたオシッコに対して、ウェスパシアヌス帝が課税したという記録も残っている。

人のオシッコには、水・尿素《にょうそ》・ナトリウム・カリウム・塩素イオン・アンモニアなどが含まれている。

人のオシッコを発酵させると、バクテリアの働きによって塩基性《えんきせい》の洗剤と同じように、界面活性剤《かいめんかっせいざい》が生成される。この成分が洗濯物の汚れをバッチリ落とすというわけ。

とくに脂《あぶら》の染み込んだ服には効果バツグンで、その効果は天然の炭酸ソーダと同じ。まさに先人たちの偉大な知恵だ。

じつは古代ローマで、オシッコが洗剤として使用されていたことはかなり以前からわかっていた。それは、七九年八月、ヴェスビオ火山の噴火によって、一瞬のうちに灰に埋まったポンペイの遺跡から、そうした痕跡が発見されているからだ。

ポンペイは上下水道が整備された近代的な都市で、共同洗濯場も完備されていた。

その共同洗濯場では各ブロックごとに水だめをつくり、そこから水を引いていたのだが、水だめの端に残っていたカスを分析したところ、人間のオシッコが検出されたのである。

## 天下をとった豊臣秀吉はなぜか暗記が大の苦手

貧しい農民の子が、知恵と策略とで世渡りし、揚げ句《あく》が天下をとったのだから、そこからさらに夢を広げ、日本国内ばかりかアジア制覇にチャレンジしたくなったとしても、一概に気の迷いと決めつけることはできないかもしれない。

秀吉は向かうところ敵なしと、自分の力を過信していたきらいはあるが、その夢のはては「日本の文字『いろは』を万国の言葉にする」ことだったという。つまりは世界制覇である。

朝鮮出兵《ちょうせんしゅっぺい》を前に、側近が、「漢語漢文を学んでおいたほうがいい」と進言したとき、その「いろは」に関する夢を語って講義を聞くことを拒んだのだそうだ。

しかしもしかすると、秀吉はただ実践主義の現場出身者で、学問が嫌いだったための言い逃《のが》れだった可能性もある。というのは……。

秀吉は、朝鮮出兵に残りの人生を賭けるといいながら、当時の朝鮮八道の国名すら覚えられないほど、暗記が苦手だったのだ。

これから攻めようというのに、地名がわからなければ作戦の立てようがないし、戦いの報告のしようもない。

そこで彼は、朝鮮半島の地図を描いて八道を色分けしてあるものを作って武将たちに持たせ、「青国がどうしろ」とか「赤国においては」という命令を下していたという。

そんな実態を知れば、秀吉のアジア制覇の提唱がどこまで本気だったか疑わしいし、もしかすると日本制覇に成功した老後のきまぐれだったのではと思えてきたりもする。

## オリンピックの金メダルの中味は実は銀メダル？

オリンピック開催直前になると、メダル獲得数予想がマスコミをにぎわす。人気競技、スター選手をあれこれ引き合いに出して、だれそれは金メダル候補、最低でもメダルに手が届くなどと書きたてる。

オリンピックの意義は参加することにある、というのが理念なのだが、それでも順位がつく以上、こんな騒ぎになるのはやむをえない。

その五輪主催者の国際オリンピック委員会（ＩＯＣ）が、成績に順位をつけ、一位には金、二位に銀、三位には銅と、差をつけたメダルを与えているのだから、金メダルに最高の価値があるのは当然だ。

ただし、それぞれのメダルを純正にすると、メダルそのものの値段に差がつきすぎる。貴金属の価値としては、金は銀の一〇〇倍以上の値段になってしまうからだ。

そのため金メダルは、銀メダルに金メッキを施《ほどこ》したものが使われることになっている。オリンピック憲章でも、メダルの大きさとともにメダルの素材を決めており、「一位と二位は銀製で、純度は一〇〇〇分の九二五」としている。金メダルにするためのメッキには、金六グラム以上を使わなければならないのも規定である。

この規定により、あの国で開催されたときのメダルは金が多く使われていて価値が高い、というような差がなくなっているのも確かである。

## トロイ遺跡を発見したシュリーマンは大嘘つきだった

下働きから身を起こして事業で成功し、後年になってトロイの発掘で輝かしい栄誉を勝ち取ったシュリーマン。ドラマティックな自伝『古代への情熱』をはじめとする著作は、長いあいだ、世界の考古学ファンの心を揺り動かしてきた。

だが、いまでは夢あふれる成功物語にも偽りが多いことが判明している。シュリーマンは自らの成功を語る際、真偽をあやふやにする傾向があったようだ。

たとえば、トロイでプリアモス王の秘宝を発見する偉業を成し遂げた際、妻ソフィアが手助けしたと述べているが、実際には妻はそのときアテネにいた。

幼少期からの夢の実現というストーリーにも疑わしいところが多い。ホメロスの叙事詩《じょじし》を暗記し、父から贈られた本の挿絵《さしえ》でトロイ遺跡の発見を目指したというが、事実ではないと考えられている。

ほかにも虚言癖《きょげんへき》や資料の改ざんの例はいくつも検証されているが、肝心《かんじん》の考古学上の業績は、傷つけられるものではないというのが大方の見方である。

## 間違った研究成果がノーベル賞をとったため受賞を逃した日本の研究者

一九二六年、デンマークの病理学者ヨハネス・フィビゲルは、がんの研究でノーベル生理学医学賞を受賞した。胃がんの原因が寄生虫であることを突き止めたのだ。

ここで疑問を挟む人は少なくないだろう。がんの原因が寄生虫などではないことは、現代なら常識だからである。

しかし、当時は誰もそんなことに気がつかなかった。コペンハーゲン大学を卒業後、ドイツのコッホ研究室に留学し、細菌学の研究者として母校の教授となったフィビゲルも、何とか胃がんの原因を突き止めようと必死に研究したのである。

その結果、突き止めた原因が寄生虫だった。実験を重ねた上で導き出したフィビゲルの結論は、じつに明快なものだった。

しかし、胃がんの発病メカニズムとしては一般的にあてはめることができないのではないか、という疑問の声もあったのだ。

それでも、誰もそれが間違いだと証明することもできなかったため、フィビゲルの研究は見事にノーベル賞に輝く結果となった。

ところが後に、フィビゲルの発見は完全な間違いであることが判明した。とはいえ、ノーベル賞が取り消されることはなかったし、フィビゲルもノーベル賞受賞直後の一九二八年に亡くなったので、自分が間違って受賞したことを知らないままだった。

フィビゲルにすれば幸せな話だったかもしれないが、その影には泣いた人物もいる。フィビゲルと同じ年に、日本の山極勝三郎が、ウサギの耳にコールタールを塗って人工的にがんを発生させることに成功しており、この人工がん作製の研究によって、ノーベル賞候補にのぼっていたのである。

しかし、フィビゲルの研究のほうがオリジナリティがあるとして、結局、山極は受賞を逃した。何とも気の毒な話である。

## 日本で育てられると輸入牛でも国産牛扱い？

スーパーで売っている牛肉には、「国産牛」「和牛」「輸入牛」がある。「輸入牛」が外国から輸入された牛肉であることは分かるのだが、「国産牛」と「和牛」はどう違うのだろうか？

牛肉を販売する場合の表示は、公正競争規約によって定められており、「和牛」と表示してよいのは、黒毛和種と褐《あか》毛《げ》和種、日本短角種《たんかくしゅ》、無角和種の四種だけとされている。

黒毛和種は、和牛の中で最も有名な品種。松阪《まつさか》牛や神戸《こうべ》牛、米沢《よねざわ》牛などは黒毛和種で、国内で飼育される和牛の約九割を占めている。

褐毛和種は熊本県の阿蘇や高知県で多く飼育されている「あか牛」と呼ばれるもの。

日本短角種は東北地方、無角和種は山口県でおもに飼育されている牛だ。

こうした和牛は、肉の生産を目的に改良された肉専用の品種である。

それに対し、国産牛というのは、日本国内で育てられた牛の肉をさす。ホルスタイン種など、乳用種として生まれて乳を提供していたが、乳が出なくなってしまった牛やオスの乳牛、さらに乳用種と肉用種を交雑させた交雑種も国産牛に含まれる。

また、輸入和牛というのもあり、これは輸入した牛を国内で肥育したもの。一定期間肥育すれば国内産と表示してもいいと決められている。

## いまさらですが昆布と髪の毛には何の関係もありません

昆布《こんぶ》を食べると「髪が増える」「髪が黒くなる」ということは、広く信じられている。

昆布には髪の毛の成分に必要なヨードが含まれている。しかし、いくら食べたからといって、髪の毛が太く丈夫になったり、新しく生えてくるものではない。

栄養学でいうと、ヨードは体内では甲状腺《こうじょうせん》ホルモンの材料となる成分だ。甲状腺ホルモンは新陳代謝《しんちんたいしゃ》を促進する働きを持つから、ヨード不足からくる甲状腺ホルモン不足は、新陳代謝を鈍らせてしまう。

その結果、コレステロール値が上がる、気力が衰えるといった症状が出て老化現象を促進する。そのために髪の毛の老化と混同するのも無理はない。

また、昆布の色は黒々とした髪の毛を想像させるため、俗信はそのあたりからも生まれたのかもしれない。

また、昆布と髪の毛の関係に対する言い伝えは、古代の髪の毛の手入れ方法が、髪の健康法と間違われたからだともいえる。

石鹸がなかった時代、昆布から抽出できるアルギン酸がシャンプーがわりに使われていた。

「フノリ液」と呼ばれたこの抽出成分はヌルヌルしているが、頭皮や毛についた汚れをよく落とし、毛を柔らかくして洗い上がりにツヤを与えたのである。

また、奈良・平安期時代の女性は、長く伸ばした髪の毛が乱れないようフノリ液を使っていた。

現在のヘアムースやジェルのような使い方をしたものと思われる。

こんな洗髪や手入れの習慣が、「髪によい」「毛が若返る」と誤解されてきたのかもしれない。

## 花の名所・吉野山の桜はソメイヨシノではない

落人《おちうど》となった源《みなもとの》義経《よしつね》と別れた静御前《しずかごぜん》が、失意のうちに逃げ延びていくのが吉野山《よしのやま》。歌舞伎《かぶき》でおなじみのこのシーンで、もうひとつの主役が、花いっぱいの舞台装置である。

ここでいう「花」とは桜のことだ。

この吉野山、西行法師《さいぎょうほうし》も歌に詠《よ》んでいるように、古くから花の名所として知られていた。だから、ここからあちこちに移植されて、日本中の花の名所はソメイヨシノばかりになった、と考えるのは短絡的といえる。

吉野山を彩る花はソメイヨシノではなく、ヤマザクラである。じつは、ソメイヨシノは園芸用として江戸時代末期に開発された品種なのだ。

ソメイヨシノを開発したのは、江戸・染井村の植木屋だといわれている。

古代に花といえば梅のことだったが、町人文化が華やいだ江戸時代、庶民は野遊びの一つとして花見を楽しむようになり、それには桜が最適だった。

幕府も植樹を進めた結果、向島の墨堤や飛鳥山など、あちこちに花の名所が生まれた。当時の桜はヤエザクラやヤマザクラだった。

このような時代背景から生まれたのがソメイヨシノで、もとになったのはエドヒガンザクラとオオシマザクラといわれている。

開発に成功した植木屋は、その新種に花の名所として名高かった吉野山の名を借りて「吉野桜」と命名し、売り出した。

生長が速くてすぐに樹姿が整い、葉が出るよりも先に花が咲き、しかも大きな花が密生して開くため、見栄えもよい。これらのことから、ソメイヨシノは花見用に最適だと、急速に広まっていった。

「吉野桜」がソメイヨシノに変わるのは明治時代になってからだ。

上野公園の桜を調査した植物学者が、「名前が吉野では、吉野山の山桜と紛らわしいので、開発地の染井の名を冠して染井吉野がいい」と、園芸雑誌に発表した論文の中で命名したという。

花の生誕地の染井村は、いまは東京都豊島区駒込に、染井銀座商店街や染井霊園として名を残すだけである。

## いまや存在しない「宮内庁御用達」の怪

街を歩いていると、商店の看板などに時折見かける「宮内庁《くないちょう》御《ご》用達《ようたし》」の文字。雑誌などにも、「この店は宮内庁御用達の店です」と紹介されていることもある。しかし、「宮内庁御用達」というのは、現存していない。店側が勝手に使っている言葉である。

「宮内庁御用達」というのは、一八九一（明治二四）年に、当時の宮内省が、皇室への納入を許す業者に対して発足させた御用達の制度が始まりだ。

それ以前は、宮内省に出入りしている業者は、誰でも「宮内省御用達」を名乗ることが許されていた。

ところが、これに目をつけた業者が、ひんぱんに宣伝や自称をしたために、「御用達」に適合する業者だけに名乗る許可を与えることにしたのだ。

御用達制度は、外国に立ち遅れていた産業技術の奨励振興策の一つでもあったといわれている。

許可の基準は厳しかった。二年以上同じ営業に従事していることや、博覧会などで優秀と認められた商品であることなどのほか、裏付けとなる公的機関の証明書なども必要とされた。

しかも、せっかく御用達になっても、納期が遅れたり、不良品を納品すると、資格はすぐに取り消されたのである。

それでも業者が増えれば商品の誇大広告なども増え、一九三五（昭和一〇）年には審査方法を大幅に改正し、業者の選定はさらに厳しくなり、許可期限も無期限から五年間となった。

こうして御用達の制度は、戦後、宮内省が宮内庁になっても継続され、一九五一（昭和二六）年の段階で、御用達業者は八三軒に達した。

しかし、宮内庁では一九四九（昭和二四）年頃から御用達の新しい許可を与えてはいなかった。戦後改革の中で、商業活動の民主化や機会の均等化を図ったのである。

そして一九五四（昭和二九）年を最後に、「宮内庁御用達」の制度は、完全に姿を消したのだった。

いまでも「御用達」をうたっているのは、かつて御用達だった店や、現在宮内庁に納入している業者が、宮内庁に無断でうたっているものだ。

宮内庁はとくに問題にはしていないが、チラシや包装紙、宣伝広告などへの使用は避けるように要望しているという。

## ハブとマングースが根っからの天敵というのは大間違い

沖縄観光の目玉「ハブとマングースの決闘ショー」。このイメージから、両者は天敵と思われているが、じつは自然界で敵対することはまずない。

それがなぜ沖縄では天敵同士としてあつかわれることになったのか……。

それは、インド原産のマングースが、ハブと同じ毒ヘビであるコブラを捕食するといわれていたからだ。

明治時代、ハブに噛まれた毒を消す血清《けっせい》がなかったため、死亡事故が頻発した。そこで被害防止対策が立てられたとき、ハブを駆除する研究を担当していた生物学者が、このコブラとマングースの関係を聞いた。

マングースは、食肉目ジャコウネコ科の動物で、体長四〇センチ足らずだ。

試しにマングースをハブと対決させると、ハブに噛《か》まれたのにマングースは死にもせず、最終的にはハブを退治した。

そこでガンジス川流域から約二〇匹のマングースを連れてきて那覇市を中心に放した。

ところが、マングースとハブは互いを避け合うばかりでまったく効果はない。マングースはハブを捕らえるどころか、ニワトリやアヒルを捕食しながら数を増やしていったのである。

観光客のためのアトラクションは、互いに囲い込まれるからやむなく闘っているにすぎない。

夜行性で暑さに弱いハブにとっては、昼間のショーは多大なハンデを負ったものであり、マングースが負ける理由はなかった。

野生では遭遇することすら珍しく、たとえ行き合っても互いに避け合うというのが両者の本来の関係性である。

結果的に増殖していったマングースは、いまではヤンバルクイナを絶滅の危機に陥れるほどになり、ついに捕獲作戦が実行される状態に追い込まれている。

## 「アカトンボ」という名のトンボ、いったいどこにいる？

童謡の『あかとんぼ』で歌われるアカトンボはアカトンボではない。

妙な言い方になってしまったが、アカトンボというこの名称は、オニヤンマとかシオカラトンボというような一つの種をあらわすものではない。

トンボの色は確かに赤みがかっているが、昆虫の名としては「アキアカネ」だ。あるいは「ナツアカネ」かもしれない。

どちらも、分類学的には一つの属と考えられ、一部の種を除いて体が赤く変色するところから、茜色《あかねいろ》からとって「アカネ属」とされて、計二一種がいる。

一般にアカトンボと呼ばれているのは、そのうちの秋になると変色する種で、そのためアキアカネと名付けられているのだ。

では、変色以前のアキアカネはどうしているかというと、春に卵からかえった幼虫が初夏までには羽化して、山や林の中で暮らしている。

色は黄色で、季節が移って秋が近づくと赤みを帯びると同時に、産卵のために里に降りてくる。

この時期の黄色いアキアカネは、避暑地の高原や林の散策路、夏山などで、群れて飛んでいるのを見ることができる。

アキアカネが平地に降りてくるのは、だいたい八月の終わり頃。その年の初めてのアカトンボを見かけるのがちょうど夏休みの終わる時期と重なっており、秋が近いことを感じさせてくれる。

そして田んぼで刈り入れが始まる頃に数を増やし、溜池《ためいけ》などに産卵し、卵はそこで冬を越すこととなる。

## 大相撲の取り組みがほぼ十八時に終わる大人の事情とは

大相撲の放送では、ほぼ予定通りに最後の取り組みが終わる。野球の放送と違って大相撲では、放送が延長になることも、取り組みの途中で放送が終わることもない。逆に、全部の取り組みが早く終わって時間がたくさんあまることも稀《まれ》だろう。

これは、予定通りの時間に終わるように時間の調節をしているからだ。

大相撲の取り組みは、早ければ二〜三秒で終わるし、どんな長丁場《ながちょうば》になっても、せいぜい二〜三分だろう。

それよりも、呼び出しや仕切りの時間のほうが長い。これを調節すれば、予定の時間通りにすべての取り組みを終えることができるというわけだ。

この時間調節のために設けられているのが、制限時間である。

制限時間は、力士が名前を呼ばれてから軍配《ぐんばい》が返って立つまでの時間である。この間は何回仕切り直しをしてもかまわないが、制限時間がくると仕切り直しは原則としてできない。

この制限時間は、一九二八（昭和三）年にラジオ放送が開始されたときに定められた。仕切りが長引いて観客を飽きさせないためという目的もあったが、ラジオの放送時間に合わせるためという理由も大きかった。

それがテレビ放送にも受け継がれたのだ。制限時間の制度は、放送のためにあるといってもいいかもしれない。

## 芽キャベツはそのまま育つとキャベツになるのか？

小さくて丸い芽《め》キャベツという野菜がある、これは文字どおりキャベツの若い芽で、育てばキャベツになるのだろうか。

じつは、芽キャベツはキャベツとは別の植物。育ったからといってキャベツにはならない。

芽キャベツとして売られている野菜は、メキャベツという植物の芽にあたる部分だったのである。正確には、「メキャベツ」というキャベツと同じ祖先を持つ植物の茎にわき芽が出て、その芽がちょうどキャベツの葉と同じように結球したものなのだ。

祖先が同じというだけあって、芽キャベツもキャベツと同じアブラナ科に属する。同じように変種となったカリフラワーやブロッコリー、青汁の原料となるケールなどとも仲間である。

ヨーロッパ原産で、ベルギーのブリュッセルあたりで古くから栽培されていたといい、日本へ入ってきたのは明治のはじめ。キャベツが甘藍と呼ばれたのに対し、メキャベツは「子持甘藍」と呼ばれていた。

たしかに、この植物の種子を販売している種苗会社のカタログ写真を見ると、やや丈のある直立した茎に、小さな丸い球がいくつも重なり合って生えているように見え、まさに子持ち状態である。

アブラナ科のため菜の花のような花も咲くが、種子を採取する種苗会社でもなければ見ることはできないだろう。

## 猫が死ぬとき飼い主の前から姿を消すのはどうして？

「血統書つきのアメショーなのよ。パパはショーのチャンピオンだったの」

なんて自慢できるペット猫なら、最期には立派なハウスを与えられたり、外出禁止の箱入り息子として飼い主に看取られて死ぬかもしれない。

公園の隅でミャオと声がした、目もあいてないような子猫を拾ってきたというような場合は外出が自由なので死期が近づけばかなり猫本来の生態を見せるようになるはずだ。

そんな猫は、自分の死期を悟ると家を出て、飼い主の前から姿を消す。地方によっては、これを「ネコ岳に登った」とは「ネコ岳参り」と称して、ネコの神秘のしるしのように伝えられている。

かわいがっていた猫の死を予感しながらも、それを受け止めようとする心理なのだが、猫のほうも同じ気持ちらしい。

野性動物は、体が弱ってきて死期が近付くと敵に襲われることを本能的に恐れて、身を隠す行動をとる。

家庭で飼われている猫も、本来の狩りや攻撃の習性は薄れているが、死の間際にはその本能がよみがえるのだ。

できるかぎり飼い主のそばにはいたいが、もうこれ以上は無理という段階が来ると、弱ったそぶりも見せずに出ていくから、飼い主は死期の近いことに気がつかない。

そして猫自身は、縁《えん》の下《した》とか空き地の草むらなどにたどりつくと身をひそめ、静かに死を待つと考えられている。

ただし、最近の外歩きするネコで、いちばん多い死因が交通事故。彼らは自分の死期に気づく間もなく、遺体をさらすこととなる。

## 本当は異人さんに置いていかれた「赤い靴」の女の子

美しいメロディと、ちょっと寂しい歌詞。有名な童謡『赤い靴』の女の子は、横浜の山下公園に銅像となって立っており、いまも海を見つめつづけている。

この女の子の名前は「岩崎きみ」。つまり「赤い靴」の女の子は実在する人物だったわけで、この歌は、少女の実際の話を歌にしたものだった。

だが、事実は、歌の内容とは少し異なる。異人さんに連れられて行っちゃったはずの女の子は船には乗らず、じつは日本にとどまっていたのである。

きみちゃんは、一九〇二（明治三五）年七月一五日に静岡県不二見村（現静岡市）で生まれて間もなく、母親のかよとともに北海道へ渡った。

その後、母親のかよが、きみちゃんを連れて鈴木志郎という人物と再婚し、開拓農場に入植する。

しかしこの生活があまりにも過酷であったため、かよは当時三歳だったきみちゃんを、やむなくアメリカ人宣教師チャールス・ヒュエット夫妻の養女に出した。

やがてきみちゃんが六歳のとき、ヒュエット夫妻はアメリカに帰ることになった。当然きみちゃんも歌の通り、横浜の波止場からヒュエット夫妻とともに船に乗るはずだった。

ところが、ちょうどこのとき、きみちゃんは当時は不治《ふじ》の病《やまい》だった結核《けっかく》にかかり、とても長い船旅に耐えられない体となってしまったのである。

仕方なくヒュエット夫妻は、きみちゃんを東京の麻布《あざぶ》永坂《ながさか》にあった鳥居坂《とりいざか》教会の孤児院に預け、帰国した。

母親のかよも、義父の鈴木志郎も、その事実を知らなかった。実際のきみちゃんは、孤児院に預けられた三年後、九歳の幼さでこの世を去っていたのだが、両親はアメリカで幸せに暮らしていると思っていたのであった。

義父である鈴木志郎は、きみちゃんについて、その後親しくなった野口雨情《のぐちうじょう》に話した。

雨情は、そのイメージで詩を書いたので、事実とは異なる歌が完成したのである。

一九八九（平成元）年には、当時孤児院があった現在の麻布十番に「きみちゃん」の像が建てられた。異国へ行ったはずのきみちゃんは、いま、自分が生涯を終えた場所で、そっと立ち尽くしている。

彼女の像の足元には、像が建ったその日に誰かが足元に一八円を置いたのを皮切りに、その後も毎日途絶えることなく、わずかずつだが誰かが小銭を置いていくようになった。

このお金は、毎年世界の恵まれない子どもたちのために全額ユニセフに寄付されており、現在もチャリティはつづいているという。

## 豊臣秀吉の幼名・日吉丸の「丸」はおマルの「マル」？

古代の人の名前には、現代人の感覚からすると首をかしげるものが少なくない。たとえば、押坂史毛屎《おしさかのふひとけくそ》、錦織首久僧《にしこりのおびとくそ》、阿部朝臣男屎《あべのあそみおぐそ》、卜部屎麻呂《うらべのくそまろ》といった具合である。

女性にも、下野屎子《しもつけのくそこ》や巨勢朝臣屎子《こせのあそみくそこ》などがいたと民俗学の大家・南方熊楠《みなかたくまぐす》が書き記している。『土佐日記《とさにっき》』で有名な平安時代の貴族・紀貫之《きのつらゆき》も、幼少の頃の名前は阿古久曽麻呂《あこくそまろ》で、阿古というのは「わが」、「久曽」は糞の音便だから、なんと意味は「わがウンコ」ということになってしまうのだ。

クソだけでなく、葦原醜男《あしはらのしこお》や村岡連悪人など、ブサイクだの悪人だのという名前をつけられた人物も少なくなかったし、豊臣秀吉の幼名・日吉丸《ひよしまる》などの「丸」も、じつはおマル、つまりは便器の意味だったのだ。ここまで汚い名前ばかりが多かったのは、古代の日本には、排泄物に呪力《じゅりょく》があるということを信じていたことによるらしい。「醜《みにく》い」とか「悪人」というような言葉にも、邪神《じゃしん》が取りつくのを避ける効力があると考えられていたのである。

つまり、いま聞いたら、とんでもなく汚かったり、罵倒《ばとう》されているような名前も、じつは、わが子が無事に育つようにという親心からつけられたものだったのだ。

## 恥ずかしがり屋の男性医師が発明した医療器具って何？

内科の診察のとき、医師は聴診器《ちょうしんき》を患者の胸や背中にあてて耳を傾ける。この聴診器を世界で初めて考案したのは、一九世紀のフランスの医師ラエネックである。

一八一六年、ラエネックは心臓の悪い若い女性の診察をしていて、はたと困った。

当時、医師は患者の胸に直接耳をあてて心臓の鼓動を聞いていたのだが、相手がうら若い美女だったので、ラエネックはどうしても彼女の豊かな胸に自分の耳をつけることができなかった。

ラエネックは、どうしたものかと考えながら、いったん外へ出て散歩しているうち、ルーブルの中庭に入り込んだ。

そこでは子どもたちが、彼も子どもの頃によくやった遊びをしていた。一人が長い木の棒の端に耳をあて、もう一人が反対側の端をピンで引っ掻いて、暗号を伝えるという遊びである。

「これだ！」

ひらめいたラエネックはすぐさま病院に戻り、紙を丸めて筒状にすると、片方の端を女性患者の胸に、もう一方の端に自分の耳をあてたのである。

すると、直接胸に耳をあてるよりも心臓の音がよく聞こえた。これが聴診器の原形となり、広まっていったのである。

ただ、この聴診器によって、ラエネックは自身が重い肺疾患に冒《おか》されていることを知ったことは、皮肉としかいいようがない。

## 知らなきゃよかった！　セーラー服の衿が大きくなったワケ

女子中高生の制服は、かつてはセーラー服が一般的だった。「セーラー」とは水夫の意味で、その名の通り、もとはイギリス海軍の水兵の制服である。

セーラー服の最大の特徴は、「セーラーカラー」と呼ばれるあの大きな衿《えり》だが、水兵の制服がなぜあの衿になったのかというと、一説によれば、その理由は水兵たちの髪の不潔さにあったという。

水兵たちは、長期の航海の間に伸びてきた髪をしばって後ろにたらしていたが、入浴や洗髪はたまにしかできない生活のため、長髪は汚れて不潔だった。それが制服の背中につかないよう、水兵たちはスカーフを巻いていた。

だが、毎日スカーフを巻くのはめんどうだというので、制服にスカーフのような衿をつけるようになったのだという。

また、別の説によると、嵐などで声が聞き取りにくくなったとき、セーラー服の衿を立てると聞き取りやすくなったのだともいわれている。

どちらが正しいかは定かでないが、ともあれ、セーラー服は明治時代、日本海軍にも水兵服として取り入れられたことがある。

セーラー服が日本で女子学生の制服になったのは、大正時代に福岡の女学校が体操服として採用したのが最初といわれている。

## 阿寒湖土産のマリモは天然かそれとも手作りか

北海道東部の阿寒湖《あかんこ》名物のマリモは、一株から細い糸状の藻《も》がたくさん伸び、湖の水流に洗われているうちに転がって丸まり、毛糸玉のような状態になる。

一九世紀末、札幌農学校（現・北海道大学）の川上瀧彌《かわかみたきや》博士によって日本で初めて発見された。

これに先立つ一九世紀初め頃にはオーストラリアのツェラー湖でも発見されており、植物学者たちの注目を浴びていた種だった。

同種の藻は阿寒湖以外でも生息しているが、水流がないため、水中で糸状の藻がユラユラと揺れるばかりで丸くならない。大きくて珍しい形状となる阿寒湖産だけが、国の特別天然記念物である。

天然記念物なら捕獲・採集禁止のはずなのに、阿寒湖畔の土産物店には、マリモがズラリと並ぶ。

南国の海底で生息しているサンゴは、死骸となったものが捕獲されてアクセサリーなどに使われたりするが、マリモの場合はどうなのか。まさか天然記念物を黙って売っているのだろうか？

じつはそれらのマリモはれっきとした本物ではあるが、阿寒湖産でないマリモを手作りで加工しているのだ。

阿寒湖以外に生息している同種の藻は、天然記念物ではないから採取は比較的自由。釧路のシラルトロ湖、北見のチミケップ湖、富士五湖の河口湖・山中湖などに棲息している。

そこで業者はダイバーを雇ってこれらの湖にもぐらせ、ユラユラしている藻を取ってきてもらう。

それを一つひとつ手で転がしながら丸く形作り、阿寒湖産そっくりに変身させていたのだった。

ただし、阿寒湖の藻とシラルトロ湖の藻は同種なので、まったくの別物というわけではない。

マリモは絶滅が心配される種として環境省のレッドデータブックに分類されている。いまだ養殖技術が実用化されていないため、阿寒湖以外の湖も採取については自治体の規制がある。

にもかかわらず、ヤミで採取するものも少なくなく、その数は減りつづけているという。

## シュノーケルとは大違い！ 忍者は竹筒だけでは水に潜れない

忍者の術の一つに「水遁《すいとん》の術《じゅつ》」というものがある。竹筒を水にくわえて濠や川に潜って隠れたり、潜水したまま渡ったりするという、あの術である。現代のシュノーケリングに似ているので、訓練によってはできそうに思えなくもない。

しかし、それは絶対に不可能である。というのも、人間の体には浮力があって、いったん沈むことはできても、時間がたてば浮き上がってしまう。

肺の空気をすべて吐き出せば浮力が減るので沈むだろうが、一般人ならばせいぜいもって二〇秒くらいのものだろう。

そのあたりを心得ているのか、懐《ふところ》に石を抱いて体を沈ませるというような写実派の映画もなくはないが、これも現実的ではない。

なぜなら、確かに石の重さで体は沈んでも、水圧がそれを阻む。二メートル潜れば水圧は一・二気圧に匹敵し、この水圧に耐えて息を吸い込むというのはまず人間にはできない。ましてや一回呼吸するだけでなく、何回もやらねばならないとなると不可能だ。また、口だけで肺に吸気を送り込もうとすれば、必ず鼻から水が入ってしまう。

シュノーケルと忍者の竹筒との差はここにある。シュノーケルでは、呼気は水中に吐き出されるため、筒の中にはつねに新鮮な空気が通っている。

しかし、竹筒は呼気を水中に出せば水面に泡が立ち、異変に気づかれる。といって、竹筒一本に頼れば、呼気と吸気ですぐに酸欠状態になるはずなのだ。

潜りっぱなしでなく、竹筒をくわえて泳いで濠を渡るとしても同じことである。

## 諸国を漫遊してない 黄門さまの一番の遠出は熱海！

水戸《みと》藩の二代藩主・徳川光圀《とくがわみつくに》は、「黄門《こうもん》さま」と呼ばれて諸国を漫遊《まんゆう》し、その地で困っている人を助けてまわったというエピソードがある。この話は、テレビドラマや映画となって日本中の人びとに長く親しまれてきた。

実際に光圀は文武を奨励し、藩士の知行制《ちぎょうせい》の整備や検地、領民統治に並々ならぬ政治手腕を発揮し、名君といわれた殿様である。

しかし、残念ながら、光圀の諸国漫遊は史実とはいえないようなのだ。

そもそも徳川幕府の封建主義の中で、御三家《ごさんけ》の元藩主が勝手に諸国を歩き回るなどということは許されなかったし、徳川時代に、ドラマの決めセリフにあるような「副将軍」という役職もなかった。

将軍を補佐する役職は、大老《たいろう》と老中《ろうじゅう》、若年寄《わかどしより》などであり、御三家の殿様であろうと、幕府に関与する場は与えられていなかったのだ。

光圀は、数々の功績の中でも、『大日本史』の編纂がとくに有名で、その資料集めのために、光圀が江戸の藩邸に設けた彰考館《しょうこうかん》という学問所の史官だった佐々木助三郎《ささきすけさぶろう》と、水戸藩の御小姓組《おこしょうぐみ》にいた渥美格之進《あつみかくのしん》という二人が各地をまわったとされている。黄門さまの諸国漫遊は、これをもとに講釈師たちが創作したものなのだろう。

現実には、光圀が最も遠出したのは、四七歳のときに湯治《とうじ》に出向いた熱海《あたみ》であって、日本全国どころか、水戸と江戸周辺ぐらいがせいぜいだったのである。

ただ、光圀が「黄門さま」と呼ばれていたことだけは確かだ。この「黄門」というのは中納言《ちゅうなごん》という官名の別称で、持統《じとう》天皇のときに、中国の律令制《りつりょうせい》にならって「黄門」という官名で呼んだのである。中納言は太政官の次官にあたり、朝廷から与えられる官名であった。

## 胸毛や眉がふさふさしているのになぜ髪の毛は薄くなるのか？

人間は年を重ねるにつれて髪の毛が薄くなることは止められない。ところが、眉毛の抜け毛が多いとか、眉がハゲてしまってかつてのお公家《くげ》さんのようになったという人はあまり見かけない。

胸毛にしたって同じだ。どんどん額が広くなっていくのに、胸毛だけはふさふさタワシみたいな人がいたりする。

頭髪と体毛は相関関係がないということなのだろうか。

人によって生まれつき髪の毛が多い人と少ない人がいるように、個人の体の部位によっても毛の濃さにも差がある。

そもそも体毛は、基本的には体の保護を目的としていて、毛髪は頭部を、まつ毛は目を、陰毛は陰部を保護するために生えているわけだ。たしかにホルモンも関係しているが、男性ホルモンのなかにも、すね毛や胸毛を生えさせるように働きかけるホルモンもあれば、毛を細らせる要因になるホルモンもある。

さらに、ホルモンがどのように発毛を促しているのかというメカニズムは、現在のところまだ解明されていない。

## 土用の丑の日はウナギでなくても実はよかった

丑《うし》の日にウナギを食べるようになったのは、江戸時代からである。その理由はといえば現在でいうマーケティングやコマーシャル戦略が、当時に行なわれた結果であり、これという深い意味はないといえる。

マーケティングをしてコマーシャルを打ったのは、平賀源内《ひらがげんない》。エレキテルの実験で知られた人物だ。

その源内が、知り合いのウナギ屋の主人から、夏は暑いからか脂が強くて胃にもたれるウナギの蒲焼《かばやき》の売れ行きが落ちる、という相談を受ける。

それならと、源内は「本日丑の日うなぎの日」と書いた紙を渡して、店頭に張り出すようにすすめた。

丑の日には「う」が頭文字のものを食べると夏を乗り切れると、それまでもいわれてきたため、この日の店は大繁盛したという。

俗信《ぞくしん》を上手に取り入れ、他人におくれをとりたくないという客の心理を読み、簡略ながら名文のコピーを書くという、三拍子そろった源内の宣伝は、現代に至るまでの大成功を収めたのだった。

依頼を受けたのがたまたまウナギ屋だったから、丑の日と蒲焼が結び付けられたが、もし「うどん屋」からの依頼だったら、あるいは「梅干屋」の頼みだったら、夏の暑い日に現代の私たちはうどんを食べたり梅干をしゃぶっていたかもしれない。

いずれにせよ、土用の丑の日にウナギを食べるのは、本当に夏バテして胃がもたれ気味というような、体調を崩しているのなら少々キツいかもしれない。

しかし、そうでなければ、ウナギは栄養学的にも理にかなっていて、確かに元気が出る食べ物といえるだろう。

## 子どものコアラが食べるのはユーカリではなく母親の便

オーストラリアで最も有名な動物の一つ、コアラは、つぶらな目とモコモコした姿がとても愛らしい。

とはいえ、コアラは夜行性で、一日の大半を木の又の部分に乗って眠っているため、昼間動いているコアラに出会えることはめったにない。コアラは一生の大半を木の上で過ごす動物で、地上に降りるのは、別の木に移るときだけなのだ。もし、コアラが動くところや、地上に降りた姿を見られたら、かなり幸運といえるだろう。

コアラというのは、オーストラリア先住民の言葉で、「水がない」という意味。その名のとおり、コアラはほとんど水を飲まず、必要な成分はエサのユーカリの葉から摂取している。

コアラのエサのユーカリは、オーストラリアの森林のほとんどを占めているのだが、この葉を食べるのは、わずかコアラとフクロムササビだけである。

ほかの動物がユーカリを食べないのは、毒性が高いことと、栄養価も非常に低いためだ。

しかし、コアラは、ユーカリの毒をちっとも苦にはしていない。これは、コアラは二メートルもの長い盲腸を持ち、その中には、ユーカリを消化することができるバクテリアや葉の毒素を分解する酵素が含まれていることによる。

だから、ユーカリをゆっくりと消化し、栄養を吸収することができるのだ。

しかし、ユーカリの葉を食べることができるのは、成長したコアラだけである。つまり、赤ちゃんのコアラは、まだお腹の中のバクテリアの数が少なく、ユーカリの毒を解毒するだけの力がない。

そこでコアラの赤ちゃんは、離乳期を迎えると、お母さんの便を食べる。この時期のお母さんコアラの便を幼いコアラが食べると、お母さんの体内にあったバクテリアが子どもの体内で増えていき、やがて自分でユーカリを消化できるようになる。

つまり、お母さんの便は、幼いコアラの離乳食というわけだ。

## ハーメルンで実際にたくさんの子どもがいなくなったその真相とは

グリム童話でおなじみの『ハーメルンの笛吹き男』は、とても悲しい伝説だ。

一二八四年、ネズミの害で困っていたドイツ北部の町ハーメルンに、けばけばしい色の服を着た男がやってきて、報酬《ほうしゅう》をくれればネズミを退治するという。

そこで人びとが話に乗ると、男は不思議な笛を吹いてネズミを誘い出して川で溺れさせるが、ハーメルンの人びとは報酬をケチって男を追い出してしまう。

すると、男は町に戻ってきて、今度は一三〇人の子どもたちを誘い出し、町の外に連れ出してしまう。男は町に戻ってきて、子どもたちは二度と戻らなかった……。

この話がいつごろできたものかよくわからないが、子どもの失踪とネズミとり男の話がドッキングしてできたと考えられている。

とりわけ、ネズミとり男の話が各地にたくさん残っているのは、当時のヨーロッパでネズミの被害がそれだけ大きかったためだろう。

そうした話に共通するのは、ネズミとり男がみんな外から来たよそ者だということ。ハーメルンの笛吹き男の服が派手なのも、彼がよそ者だったことを表わしている。

また、ハーメルンでは実際にたくさんの子どもがいなくなってしまった。その原因については、さまざまな説がある。

たとえば、一二一二年の少年十字軍への参加、あるいは疫病《えきびょう》による子どもの大量死、舞踏病《ぶとうびょう》に冒された子どもたちの行列などに関係があるといわれている。

一方、町からいなくなったのは、ほんとうは子どもたちではなくて若者だったという説もある。

それはゼーデミエンデの戦いに加わって戦死した若い男たちで、笛吹き男は彼らの隊長だったというのだ。

さらに、いなくなったのは植民者たちだという説もある。笛吹き男は東方に入植する若者を募集する係で、募集に応じた若者は洗礼者ヨハネの祝日である六月二四日に、笛吹き男に導かれて東門から行列を作って出ていったという。彼らの目的地はモラヴィア地方だったともいわれている。

このようにさまざまな説があるものの、真相はよくわかっていない。ただし、現実に子どもか若者が町からいなくなったことは確かなようだ。

この話と、ヨーロッパにたくさんあるネズミとり男の話が結合して、『ハーメルンの笛吹き男』の話ができあがり、それが16世紀ごろからどんどん広まって、世界的に有名になったのである。

現在のハーメルンは工業都市として栄えている。それでも、笛吹き男が町から子どもたちを連れ出したといわれる通りは、「舞楽禁制通り」といって、いまでも楽器を演奏したり、歌を歌うことが禁止されているそうだ。

## 韓国料理が辛いのは実は日本から伝わった唐辛子のせい？

韓国料理には、キムチを始め、唐辛子《とうがらし》を用いた辛い料理が多い。この韓国料理で唐辛子を使うようになったのは、一六世紀末～一七世紀頃からである。

もともと唐辛子は中南米原産の香辛料で、一五世紀にヨーロッパ人が持ち帰るまで、ヨーロッパには存在しなかったのだ。

ヨーロッパに渡った唐辛子は、ポルトガル人やオランダ人によって東南アジアを経由し、一六世紀中期～後期の日本にもたらされた。

さらに、一六世紀末の豊臣秀吉の朝鮮出兵に際して、日本から朝鮮半島に伝わったといわれている。

逆に、日本より先に朝鮮半島に伝わり、朝鮮半島から日本に伝わったという説もあるが、一七世紀に朝鮮で出版された書物に唐辛子が「倭芥子」と書かれていることなどから考えると、日本から朝鮮半島に伝わったもののようだ。

それまでのキムチは野菜を塩漬けにして発酵させて作っていたようだが、唐辛子の伝来によって、今日のようなキムチになっていったといわれている。

寒暖の激しい気候に唐辛子の辛さが合っていたのと、肉食文化であったのが、朝鮮半島で唐辛子がさかんに用いられるようになった要因と考えられている。

この唐辛子を用いたキムチの副産物として誕生したのが辛子明太子《からしめんたいこ》である。辛子明太子の老舗「ふくや」によると、日露戦争後、朝鮮から輸入されていた明太卵巣漬を元に、実業家・川原俊夫が一九四八（昭和二三）年に辛子明太子を考案したという。

日本が伝えた唐辛子が朝鮮半島を経由して辛子明太子を生み出したというわけである。

## 道場荒らしが来るたびに助っ人を雇っていた新選組のあの人

江戸時代の幕末に活躍した新選組局長《しんせんぐみきょくちょう》・近藤勇《こんどういさみ》は、剣術の腕は抜群で、彼に勝てるものはなかったとまでいわれている。

しかし、その近藤勇が、自分の道場に道場破りが来ると、しょっちゅう助っ人を頼んで、追い払ってもらっていたというのである。

江戸幕府の浪人徴募《ろうにんちょうぼ》に応じる前の近藤は、小さな道場・試衛館《しえいかん》の道場主だった。門弟《もんてい》の少ない三流道場だったために、道場荒らしが他流試合を求めてやってくることも少なくない。

たとえ道場荒らしが来ても、近藤なら問題なかったはずなのだが、じつは近藤は、真剣を持つと誰よりも強かったのに、竹刀技《しないわざ》はからっきしダメ。ちょっと強い道場荒らしがやってくると、かなり困った事態になった。

しかし、これでは体裁《ていさい》が保てないということで、近藤は、当時から親交のあった練兵館《れんぺいかん》の塾頭・九州肥前大村《ひぜんおおむら》藩の渡辺昇《わたなべのぼる》に、助っ人を出してもらえるようにしばしば頼んでいた。

竹刀技はダメでも、近藤の眼力はなかなかのもので、一目で道場荒らしの技量を見抜き、それに相応する腕前のものを貸してくれといってくるのである。

しかも、その見立てはいつも見事に的中していたから、練兵館の連中も、近藤を軽蔑《けいべつ》するどころか、敬服するようにすらなっていた。

しかも、無事に試合がすめば、その好意に報いるために、近藤は応援の剣士に必ず酒を振舞ったから、門弟たちも、試衛館に応援に行くのを楽しみにするようになったらしい。

その助っ人の中には、のちに新選組が京で追い回すことになる長州《ちょうしゅう》藩の桂小五郎《かつらこごろう》もいたという。

## 年末恒例の第九はドイツのイベントのパクリだった？

年末の風物詩といえば、日本全国あちこちで開催される「第九」の演奏会。プロの演奏会はもちろんのこと、アマチュアの演奏会も数多く開かれている。

では、世界ではどうか。第九はベートーヴェンが作曲した作品なので、当然ヨーロッパなどでも年末にあちらこちらで演奏されていて、それが日本でも……と思っていたら、年末にこれほど盛んに「第九」が演奏されるのは日本だけらしいのだ。

戦後間もない頃、日本で開かれるクラシック演奏会には、ほとんど客が集まらなかった。その結果、日本交響楽団（現ＮＨＫ交響楽団）は資金繰りが大変で、年越し資金もままならない。

そんなとき、ドイツで年末に「第九」が演奏されているということを知り、真似をしたのが始まりだ。

「第九」は大人数の合唱団を必要とするため、出演者の家族や親戚などにチケットがさばきやすく、資金繰りに四苦八苦していた交響楽団としては、「第九」を演奏させることは、何かと都合がよかったのである。

また、第二次世界大戦の出陣学徒《しゅつじんがくと》壮行会を記念して、その年の年末に演奏されたことがきっかけだという説もある。

どちらにせよ、年末の「第九」が定着したのは、日本人は区切りを大切にする感性があることや、比較的ベートーヴェンが好きということが大きな理由だったようだ。

欧米では、「第九」を年末に演奏するという習慣はないものの、一九八九年の東西ドイツ統一式典で演奏されるなど、「歓喜《かんき》の歌《うた》」という別名にふさわしく、さまざまな式典で演奏される曲となっている。

## 毛ガニの毛は人間の体毛のように伸びたりするのか？

毛が生えているから毛ガニとは、わかやすいネーミングである。毛ガニというからには人間の毛と同様に伸びたり、脱毛症になったりするのだろうか。毛ガニにも、ロングヘアやショートヘアがあるのだろうか。

じつは毛ガニの毛は伸びないのである。

伸びないということは、人間の毛のように毛根《もうこん》や毛乳頭《もうにゅうとう》などは存在しない。

したがって脱毛症などにはかかるはずもない。

つまり、毛が損傷するということならあるかもしれないが、基本的に脱毛という現象は起こらないのだ。

そもそもカニのなかで毛が生えているのは毛ガニだけではない。甲羅《こうら》から毛が生えていない種類もいるが、カニ類の多くは毛が生えている。毛ガニはクリガニ科だが、オウギガニ科やケブカガニ科のカニのほうがむしろ毛むくじゃらの種類は多いのだ。

それでは、毛ガニの毛とはいったい何なのか。

毛ガニには、おもに甲羅上にはヘラ状、感覚器には羽毛状・トゲ状・棒状の毛が生えているが毛ガニをはじめ、エビ、カニ類に生えている毛は哺乳類に生えている毛とはまったく異なる。

エビ、カニ類の毛は甲羅の表面が突出したものを便宜的《べんぎてき》に毛と呼んでいるだけで、構造的にはトゲのようなもので、毛根などは存在しない。

ならば、トゲガニといったほうが正しいように思えるが、そのトゲは伸びるのだろうか。

毛ガニは節足動物のため、脱皮によって成長するが、幼い頃は頻繁に脱皮し、年齢を重ねるごとに脱皮までの期間は長くなる。

一度脱皮すると年齢を知る手段はなくなるので正確にはわからないが、毛ガニは少なくとも一〇年以上生きるといわれている。

この脱皮《だっぴ》によって毛も一緒に脱皮し、細胞のなかに毛を作る働きを持っているので、新しく作られる甲羅にも毛はついている。細胞そのものが致命的な損傷を受けない限り、生活するなかで損傷した毛があっても、脱皮すればもとどおりになるのだ。なぜトゲのような形状になっているかはまだよくわかっていないが、おそらく砂に潜っているときに隙間を設けて呼吸しやすくするためではないかと考えられている。

人間の頭髪も毛ガニのような毛であれば、脱皮すればもとに戻るから薄くなっても心配することはなくなるのだが……。

## シマウマやパンダは毛をそっても模様がある？

シマウマ、パンダ、ヒョウ、白と黒のウシ。じつはこの中に、毛を剃っても地肌に模様がついている動物がひとつだけいる。

いったいどれだろう。

答えはウシで、それ以外は地肌に模様はなく無地。哺乳類《ほにゅうるい》の表皮や毛の色を決めるのはメラニン色素だが、これを作る細胞は皮膚でなく毛を作る毛乳頭にある。

人間は肌にもメラニン色素があるが、それでも、髪は黒で肌は黄色、髪は金色で肌は白などというように、毛と皮膚ではそれぞれ色素が違う。

動物の場合も同様で、毛を剃ると模様はないのがふつうで、シマウマは黒っぽいグレー、キリン、チーター、ヒョウ、トラは肌色だ。

ただ、実際にシマウマの毛をそってみるとうっすらと模様がついているが、それは皮膚の表面の毛の断面。ひげのそり跡が青いのとちょうど同じだ。

では、中国で捕まえて売り飛ばそうとした人が死刑判決を受けたほどの珍獣パンダはどうだろう。

こんな貴重な動物の毛をそるなんてできそうもないが、かつて、人工授精のために前脚の毛を剃ったところそのときのパンダの地肌の色は、暗いグレーだったという。

もっとも、生まれたばかりの赤ちゃんパンダは白黒模様ではなく、全身ピンクだ。

しかし、皮膚にも黒い部分があるウシだけは例外で、皮膚にもメラニン色素があると考えられている。

ただ、ほかにこのような動物がいるかを含めて、この点についてはまだ十分な研究が行なわれていないため本当の理由はわかっていない。

そうなるといずれにしても、シマウマとウマ、パンダとクマ、トラとヒョウなどは、毛をそって裸にすれば、見分けはつかないということになる。

## 昔話に登場するモモは、いま目にするモモではない

昔話・桃太郎《ももたろう》の絵本を開くと、丸々としたピンクの大きなモモが描かれ、桃太郎の誕生場面が描かれているものが多い。

もともとがおとぎ話で、植物から人間が生まれるという荒唐無稽《こうとうむけい》さなのだから、真偽を問う必要もないのだが、絵には確実な間違いが一つある。

それは、モモの形だ。いまよく見かける大きな白桃系につながる品種が日本に登場するのは、明治時代以降なのだ。

日本古来のモモは、現在ではヤマモモと呼ばれている、もっと小さくて硬い品種。このモモは、神話にも登場している。『古事記《こじき》』である。

伊耶那岐命《いざなぎのみこと》が、亡くなった伊耶那美命《いざなみのみこと》を追って黄泉国《よみのくに》へ行った。そのとき、見てはいけないといわれた彼女の死後の姿を見てしまい、魔物たちに追いかけられるはめに陥る。

伊耶那岐命はいろいろなものを魔物に投げつけながら逃げるのだが、出口近くまでたどり着いて最後に投げるのが三つの「モモの実」。

これで魔物たちを追い払うのに成功して物語はつづくが、このときの実がヤマモモだといわれている。

魔物を追い払うことができたということからもわかるように、古来、モモには神聖な力があると信じられていたようだ。桃太郎が鬼退治をするというおとぎ話も、彼がモモという神聖な果実から生まれたというところに意味があると考えられる。

これは中国でも同じで、モモは災厄《さいやく》を払ったり長寿をもたらすとされて、いまでも慶事《けいじ》の食事の席では「桃まん」が供される。

日本では点心《てんしん》でおなじみの桃まんの色や形は、白桃に似ている。この品種も早くから日本に持ち込まれていたが、日本原産のモモに対してケモモと呼ばれ、現在の白桃よりもかなり小さく、先のとがった形をしていた。

明治時代にたまたま誕生したケモモを祖とする突然変異種を、品種改良を重ねながら、甘く大きく育ててきたのが現在の白桃系の品種なのである。

# 桜田門外の変は牛肉の恨みが原因だった？

一八六〇（万延元《まんえん》）年三月、時の大老《たいろう》・井伊直弼《いいなおすけ》は、江戸城桜田門外《さくらだもんがい》で、水戸《みと》と薩摩《さつま》の浪士によって暗殺された。

この「桜田門外の変」は、井伊直弼が、勅許《ちょっきょ》（天皇の許可）を得ないまま日米修好通商条約に調印し、反対派を安政の大獄によって弾圧したことが原因だったといわれている。

しかし、「桜田門外の変」が起きたのには、もう一つ、別の原因があったのではないかとされている。

井伊直弼は、近江彦根《おうみひこね》藩の藩主だった。近江といえば、近江牛が有名な場所で、江戸時代からすでに牛肉として売り出していた。

もともとは兜《かぶと》や鎧《よろい》の製作に牛の皮を使っていたのだが、肉を捨てるのがもったいないので食べ始めたところ、いつしか食べるほうが主流になってしまったというわけだ。

近江牛は、多くの大名などから所望され、大人気だったが、当時は食肉禁止令が出されていて牛肉を公然と食べることができない。そこで彦根藩では、牛肉の味噌漬けに「反本《へんぽん》丸《がん》」という薬のような名前をつけて売っていたのだ。

彦根藩では、牛肉の味噌漬けや干し肉を、将軍家や水戸藩を含む御三家《ごさんけ》などに毎年献《けん》上《じょう》していた。中でも水戸藩主・徳川斉昭《とくがわなりあき》は、毎年寒中に彦根藩から届く牛肉の味噌漬けが大好物だったのである。

ところが、禅宗《ぜんしゅう》に帰依《きえ》し、熱心な信者だった井伊直弼が藩主になると、仏法の教えを忠実に守って、牛を食べたり殺すのを全面的に藩内で禁止した。

その結果、将軍家や御三家には、毎年彦根藩から届けられていた牛肉の味噌漬けや干し肉が、ぱったりと届かなくなったのである。

水戸の藩主・斉昭は、一冬中、いまかいまかと待ち続けたが、春になっても牛肉は届かない。

井伊直弼は、あくまで藩内の禁止令だったため、改めて諸侯に通知をしていなかったのだが、しびれをきらした斉昭は、わざわざ彦根藩江戸屋敷に使いを出して催促《さいそく》することにした。

ところが、直弼にきっぱりと断られ、斉昭は激怒。この恨《うら》みが、後の「桜田門外の変」を引き起こしたのではないかという意見もある。まさに「食い物の恨み」は恐ろしい。

【参考文献】
『世界ラグビー基礎知識』（ベースボール・マガジン社）／『「雨のち曇り、ときどき晴れ」のサイエンス』嶋村克・山内豊太郎／『お天気キャスター森田さんの天気予報がおもしろくなる１０８の話』森田正光、『お江戸の意外な生活事情』中江克己（ＰＨＰ研究所）／『イルカとウミガメ』吉岡基・亀崎直樹（岩波書店）／『医学をきずいた人びと　名医の伝記と近代医学の歴史　上』シャーウィン・Ｂ・ヌーランド（河出書房新社）／『カレーライスの誕生』小菅桂子（講談社）／『人体の不思議』半田節子、『大江戸八百八町　知れは知るほど』石川英輔（実業之日本社）／『よくわかるヒコーキ学超入門』阿施光南（山海堂）／『身近なモノの１００不思議』左巻健男（東京書籍）／『台所道具いまむかし』小泉和子（平凡社）／『サメのおちんちんはふたつ　ふしぎなサメの世界』仲谷一宏（築地書館）／『ノーベル賞の１００年』馬場練成（中央公論新社）／『百万都市江戸の生活』北原進（角川書店）／『宮内庁御用達』鮫島敦・松葉仁（日本放送出版協会）／『大相撲ミニ事典』新山善一（東京新聞出版局）／『定本新撰組史録（新装版）』平尾道雄（新人物往来社）

※本書は、小社より刊行された『教養が身につく！　大人の「雑学力」』（２００７年）をもとに、新たな情報を加筆した上で再編集したものです。

## 編者紹介

話題の達人倶楽部
カジュアルな話題から高尚なジャンルまで、あらゆる分野の情報を網羅し、常に話題の中心を追いかける柔軟思考型プロ集団。彼らの提供する話題のクオリティの高さは、業界内外で注目のマトである。
本書では、教養が身につく、雑談に困らない、一目おかれるとっておきの雑学ネタ237項を一挙公開します。

できる大人《おとな》は知《し》っている！
雑学《ざつがく》 無敵《むてき》の237

2019年2月1日　第1刷

編　者　話題《わだい》の達人倶楽部《たつじんくらぶ》
発行者　小澤源太郎

責任編集　株式会社プライム涌光
電話　編集部　03(3203)2850

発行所　株式会社青春出版社
東京都新宿区若松町12番1号〒162-0056
振替番号　00190-7-98602
電話　営業部　03(3207)1916

印刷・大日本印刷　　製本・ナショナル製本

万一、落丁、乱丁がありました節は、お取りかえします
ISBN978-4-413-11277-2 C0030

## できる大人の大全シリーズ

誰もがその先を聞きたくなる
# 理系の話大全《たいぜん》
話題の達人倶楽部［編］
ISBN978-4-413-11136-2

# いっしょにいて楽しい人の話のネタ帳
話題の達人倶楽部［編］
ISBN978-4-413-11138-6

相手の本音を0秒で見抜く
# 心理分析大全《たいぜん》
おもしろ心理学会［編］
ISBN978-4-413-11140-9

ここが一番おもしろい
# 世界史と日本史裏話大全《たいぜん》
歴史の謎研究会［編］
ISBN978-4-413-11141-6

## できる大人の大全シリーズ

誰も教えてくれなかった
# お金持ち100人の秘密の習慣大全《たいぜん》
㊙情報取材班［編］
ISBN978-4-413-11188-1

できる大人の
# 常識力事典
話題の達人倶楽部［編］
ISBN978-4-413-11193-5

日本人が知らない意外な真相！
# 戦国時代の舞台裏大全《たいぜん》
歴史の謎研究会［編］
ISBN978-4-413-11198-0

すぐ試したくなる！
# 実戦心理学大全《たいぜん》
おもしろ心理学会［編］
ISBN978-4-413-11199-7

## できる大人の大全シリーズ

### 3行レシピでつくる
### おつまみ大全《たいぜん》
杵島直美　検見﨑聡美
ISBN978-4-413-11218-5

小さな疑問から心を浄化する!
### 日本の神様と仏様大全《たいぜん》
三橋健（監修）/ 廣澤隆之（監修）
ISBN978-4-413-11221-5

もう雑談のネタに困らない!
### 大人の雑学大全《たいぜん》
話題の達人倶楽部［編］
ISBN978-4-413-11229-1

日本人の9割が知らない!
### 「ことばの選び方」大全《たいぜん》
日本語研究会［編］
ISBN978-4-413-11236-9